FRANÇOIS FORTIER

Après les révolutions :
le RÉALISME
et le SYMBOLISME

COLLECTION LANGUE ET
LITTÉRATURE AU COLLÉGIAL

D1331820

MICHEL TRÉPANIER

CLAUDE VAILLANCOURT

Éditions Études Vivantes
Groupe Éducalivres inc.
955, rue Bergar, Laval (Québec) H7L 4Z6
Téléphone : (514) 334-8466 Télécopieur : (514) 334-8387
Internet : http://www.educalivres.com

Après les révolutions :
le RÉALISME
et le SYMBOLISME

COLLECTION LANGUE ET LITTÉRATURE AU COLLÉGIAL

Michel Trépanier
Claude Vaillancourt

www.etudes-vivantes.com

Page couverture : *Orphée,* de Gustave Moreau (huile sur bois, Musée d'Orsay, Paris).

Éditions Études Vivantes
Groupe Éducalivres inc.
955, rue Bergar, Laval (Québec) H7L 4Z6
Téléphone : (514) 334-8466 Télécopieur : (514) 334-8387
Internet : http://www.educalivres.com

Ce livre est imprimé sur un papier Opaque nouvelle vie, au fini satin et de couleur blanc bleuté. Fabriqué par Rolland inc., Groupe Cascades Canada, ce papier contient 30 % de fibres recyclées de postconsommation et n'est pas blanchi au chlore atomique.

Code produit : 2891
ISBN 2-7607-0641-9

Dépôt légal : 2ᵉ trimestre 2000
Bibliothèque nationale du Québec, 2000
Bibliothèque nationale du Canada, 2000

Imprimé au Canada
1 2 3 4 5 II 03 02 01 00

Avant-propos

Une collection sous le signe de la simplicité

Conçue dans l'objectif de réunir pour l'élève du collégial tous les outils littéraires et méthodologiques nécessaires à sa formation en langue et littérature, cette collection est proposée dans une formule toute simple. Composée de 16 plaquettes indépendantes les unes des autres, elle traite d'abord de l'histoire littéraire française et québécoise des origines à nos jours puis de la méthodologie de l'analyse et de la rédaction dans le cadre de chacun des cours de la formation générale. Enfin les genres et procédés littéraires les plus fréquemment rencontrés sont abordés. Vous pourrez ainsi bâtir votre matériel pédagogique sur mesure !

L'histoire littéraire française et québécoise des origines à nos jours

Les plaquettes 1 à 12, exclusivement consacrées à l'histoire de la littérature, permettront à l'élève de rassembler les connaissances sociohistoriques et littéraires nécessaires pour cerner une époque, un courant littéraire, et les œuvres qui les reflètent. Cette bonne connaissance de l'époque facilitera l'approche et la compréhension des diverses œuvres à l'étude. Enfin, les extraits d'œuvre présentés dans les fascicules ont été minutieusement choisis précisément pour illustrer les divers courants ayant jalonné l'histoire.

Une méthodologie de l'analyse et de la rédaction

Les plaquettes 13, 14 et 15 représentent le volet méthodologique de la collection. Elles présentent les savoir-faire qui permettront à l'élève de mener efficacement l'analyse d'un texte littéraire, à en organiser les résultats sous la forme d'un plan détaillé, puis à y donner suite en rédigeant un texte écrit qui satisfasse au projet démonstratif, explicatif ou critique propre aux cours 101, 102 et 103.

Guides

Enfin, la plaquette 16 regroupe divers guides qui présentent les genres littéraires et les procédés d'écriture fréquemment utilisés dans les textes. Cette plaquette réunit l'ensemble des connaissances susceptibles de favoriser l'analyse formelle d'un texte.

LISTE DES PLAQUETTES

TABLE DES MATIÈRES

Après les révolutions : le réalisme et le symbolisme

*L*e réalisme, le naturalisme et le symbolisme se développent dans une étrange relation de complémentarité. En réaction contre une bourgeoisie qui triomphe et impose sa médiocrité, les écrivains explorent deux voies diamétralement opposées.

Les réalistes et les naturalistes choisissent la lutte. La société telle qu'ils la connaissent ne leur plaît pas. Alors ils la dénoncent, la fustigent et exposent ses travers. La charge évite la caricature : inutile d'exagérer ce qui est déjà énorme. Ils préfèrent l'effet de miroir. Montrer la société telle qu'elle est signifie montrer ses défauts, refuser d'embellir les choses, exposer des réalités parfois inacceptables. Le miroir tendu par les réalistes et les naturalistes ne pardonne pas. Rarement la littérature offrira un portrait de société aussi vigoureux et sidérant de vérité.

Les symbolistes préfèrent la fuite, dit Baudelaire. Les symbolistes créent un univers de rêves et de mystères, ils entraînent le lecteur dans d'étranges fantaisies, ils l'envoûtent par la virtuosité d'un discours aux références multiples. Les explorations symbolistes n'ont rien de lénifiant. Elles ne craignent pas de briser les tabous, de miner le conformisme bourgeois en éclairant ses contradictions, en frôlant les limites de l'interdit, en exposant les plaisirs de la séduction et de la corruption.

Malgré leurs orientations contradictoires, le réalisme, le naturalisme et le symbolisme se complètent et offrent une opposition littéraire à une société mal remise des changements provoqués par la Révolution française, société qui ne parvient pas à répartir équitablement les bénéfices apportés par la révolution industrielle. Les bourgeois au pouvoir ne réussissent pas à trouver un discours convaincant pour justifier leur règne. Les œuvres en porte-à-faux des écrivains sont sans aucun doute ce qui reste de plus précieux de cette période. Sans être révolutionnaires, elles portent en elles une saine subversion et sont surtout d'une exemplaire qualité littéraire.

L'époque contemporaine n'a certes pas mis fin au matérialisme et à la médiocrité culturelle. Voilà pourquoi les œuvres des réalistes, des naturalistes et des symbolistes semblent si actuelles et touchent encore le lecteur. Il lui est toujours possible de reconnaître les comportements mis en évidence par les réalistes. Et l'invitation au voyage proposée par les symbolistes n'a rien perdu de son attrait.

Le contexte (1848-1890)

Les grands événements historiques

Les révolutions de 1848

En 1848, l'Europe est bouleversée par un important mouvement révolutionnaire. À Paris, comme à Milan, Rome, Berlin, Francfort, Vienne et Buda-Pest, le peuple descend dans la rue et cherche à se libérer de ses servitudes. Ses revendications sont différentes d'un pays à l'autre, au point d'en devenir parfois contradictoires, mais, partout, il s'attaque à des gouvernements usés et immobiles, il réclame une société plus juste, il prône le *libéralisme.* En France, la révolution de 1848 se termine par la proclamation de la Deuxième République, après l'abdication du roi Louis-Philippe, dont le gouvernement favorisait les intérêts de la grande bourgeoisie. Le *suffrage universel* est établi, ce qui permet à Louis Napoléon Bonaparte, neveu de Napoléon Bonaparte, de prendre le pouvoir, appuyé par cinq millions d'électeurs. Cependant, en France, comme ailleurs en Europe, les lendemains de la révolution sont difficiles et la réaction triomphe. L'Assemblée législative entre en conflit avec le nouveau président et s'attaque aux acquis de la révolution : elle songe à rétablir la *monarchie* et supprime le suffrage universel. Le 2 décembre 1851, Louis Napoléon, incapable d'assurer sa réélection par voie constitutionnelle, s'approprie le pouvoir par un coup d'État. Plébiscité par sept millions d'électeurs, il rétablit l'*Empire* et prend le nom de Napoléon III.

Le second Empire

Au cours des premières années du second Empire, un régime autoritaire est établi, régime qui s'attaque aussi bien à l'opposition *royaliste* qu'aux *républicains.* Mais, peu à peu, le gouvernement devient plus libéral et plus tolérant. Le second Empire est une période de grande prospérité économique. Sous la direction du baron Haussmann, d'importants travaux d'embellissement transforment Paris qui devient, plus que jamais, un incomparable foyer d'attraction. La France s'enrichit, vit pleinement la révolution industrielle, s'ouvre à de nouveaux marchés. Le capitalisme triomphe, alors que les ouvriers tentent timidement de s'organiser. Sur le plan de la diplomatie, cependant, la France a du mal à s'imposer. Quelques succès militaires à l'étranger (en Crimée et en Italie) ne parviennent pas à assurer au pays une place prépondérante sur le continent. En 1870, la France doit répondre aux provocations de la *Prusse* et lui déclare la guerre. L'armée française subit d'importantes défaites, l'empereur est fait prisonnier, le régime s'effondre et la Troisième République est proclamée.

Cette période de l'histoire de France est décrite avec une remarquable minutie par Émile Zola qui, dans son cycle romanesque des Rougon-Macquart, dépeint le second Empire de ses origines (dans *La fortune des Rougon*) à sa chute (dans *La débâcle*) et à ses lendemains (*Le docteur Pascal*), s'attardant à présenter un portrait détaillé de tous les milieux qui composent alors la société.

La Troisième République

Au lendemain de la défaite, le gouvernement français parvient difficilement à maîtriser les différents leviers politiques, économiques et militaires. Bientôt, à Paris et dans plusieurs villes de France, les éléments les plus radicaux établissent un gouvernement révolutionnaire et *prolétarien,* appelé la Commune. Composé de républicains et de socialistes, ce gouvernement veut mettre fin à l'exploitation de l'homme par l'homme et cherche à réglementer le travail. À la suite de combats sanglants, la Commune est écrasée par l'armée du *gouvernement de Versailles,* nettement plus conservateur. La Commune sera désormais associée par les mouvements de gauche à la première tentative de formation d'un gouvernement du *prolétariat*.

La Troisième République, bien en place après la Commune, voit se succéder des gouvernements de diverses tendances. D'abord royaliste, avec Mac-Mahon, puis ouvertement républicain, avec Gambetta, Ferry et Clemenceau, le gouvernement se laïcise et entreprend d'importantes réformes. Les libertés publiques sont étendues, les syndicats sont reconnus. L'économie française connaît un certain ralentissement, et une longue crise, de 1873 à 1895, compensée par une importante expansion coloniale. Malgré ces difficultés, les conditions de vie s'améliorent : la population s'accroît, les salaires sont en hausse, les progrès de la science et de la médecine permettent aux citoyens de s'épanouir dans un plus grand confort.

La société : libéralisme et révolution industrielle

Une société en mutation

Au cours du 19ᵉ siècle, l'Europe change de visage. Les paysans quittent leurs terres pour s'installer dans des villes où la population ne cesse de croître. Les ateliers des artisans sont remplacés par d'imposantes usines, dirigées par de puissants financiers et chefs d'entreprises ; ces usines utilisent de nouvelles sources d'énergie, telles la vapeur et l'électricité. Les transports se développent grâce aux bateaux à vapeur et au chemin de fer. Le télégraphe facilite les communications entre les villes. Partout, de nouvelles machines changent la vie des gens. Les transformations sont si radicales, et la puissance de l'industrie est si évidente, qu'on donne à cette époque le nom de « révolution industrielle ».

Pendant les années 1848-1890, la révolution industrielle bat son plein. Elle est accentuée par des régimes politiques libéraux qui accordent une latitude presque totale à une nouvelle classe d'industriels, de promoteurs, de financiers, d'ingénieurs, de commerçants qui accumulent d'immenses fortunes et qui sont les nouveaux princes d'une société qu'ils tiennent à leur merci. Les rapports de classes sont transformés. Une bourgeoisie opulente et triomphante s'oppose désormais à un prolétariat exploité qui cherche à s'organiser.

La bourgeoisie

La bourgeoisie n'est pas une classe homogène. Il existe un monde entre la grande bourgeoisie des villes, qui détient les leviers économiques, et la petite bourgeoisie de province, aux ambitions limitées. La bourgeoisie demeure cependant la classe associée au pouvoir : elle a de solides assises financières, elle voit à l'administration du pays, elle est instruite et dynamique, et assume avec confiance son rôle de classe dominante. Elle possède un système de valeurs qu'elle est rarement prête à remettre en question. Ce système de valeurs peut se ramener aux caractéristiques suivantes.

La gare Saint-Lazare, de Claude Monet (Musée d'Orsay, Paris). Monet peint la révolution industrielle dans ce qu'elle a de plus représentatif : une gare avec ses énormes locomotives, sa cohue et sa fumée diffuse. Le prosaïsme du lieu devient pour le peintre un prétexte pour étudier les jeux subtils de la lumière dans une atmosphère de mouvement et de brouillard. La trivialité du sujet scandalisera le bourgeoisie.

- **La bourgeoisie valorise l'argent.**

  Avant la Révolution française, le pouvoir était exercé par la noblesse. Le statut de noble était déterminé par la naissance. Plus l'origine du noble était ancienne — plus le noble avait de *quartiers de noblesse —*, plus il était considéré par ses pairs. La Révolution française donne le pouvoir à la bourgeoisie, qui se distingue par ses avoirs, c'est-à-dire les compétences qu'elle a acquises par son talent et son instruction, et, surtout, par la fortune qu'elle accumule grâce au commerce et aux affaires. Le bourgeois obtient privilèges et considération par la quantité de ses revenus comme autrefois le noble les obtenait par ses quartiers de noblesse. Son attachement à l'argent fait de la bourgeoisie une classe profondément matérialiste.

- **La bourgeoisie valorise le travail.**

  Contrairement au noble, qui se faisait une gloire de rester oisif, le bourgeois accorde une importance fondamentale au travail. Le bourgeois acquiert sa fortune, son statut et sa réputation par les affaires qu'il mène à bien, par ses initiatives qui rapportent. Il est fier de ce qu'il accomplit et cherche à transmettre son expérience à ses descendants. L'engagement dans le travail est tel que le bourgeois a rarement le temps de se distraire, de se cultiver ou de poursuivre son éducation. Ainsi le bourgeois est-il souvent réputé pour son mauvais goût. Il a, par rapport à la culture, une attitude de nouveau riche et ne possède pas le bagage intellectuel nécessaire pour apprécier à leur juste valeur les créations exigeantes et recherchées.

- **La bourgeoisie adopte des valeurs conservatrices.**
En tant que membre de la classe dominante, le bourgeois n'a pas intérêt à ce que la société change. Il prône le libéralisme, qui lui permet de développer ses affaires sans contraintes et de s'enrichir davantage. Il tient à ce que l'ordre soit respecté, il croit en la famille et en la nation. Si sa fortune lui permet certaines libertés, comme celle d'entretenir de coûteuses maîtresses, il tient d'abord et avant tout à garder une façade de respectabilité. Le bourgeois est particulièrement conservateur lorsqu'il aborde l'art. Il préfère les œuvres d'un *académisme* rassurant, à la forme prévisible et au contenu respectant les conventions, aux œuvres qui traitent des problèmes du monde contemporain.

Même si les bourgeois ont renversé les aristocrates, ils conservent une grande admiration pour cette classe qui se distingue par son bon goût et son prestige encore bien vivant, et à laquelle ils parviennent à se mêler par de judicieux mariages. Dans *À la recherche du temps perdu,* le romancier Marcel Proust montre bien cette admiration béate et paradoxale du bourgeois pour une aristocratie en plein déclin.

Les écrivains réalistes et symbolistes proviennent de la bourgeoisie ou de la petite noblesse. Mais plutôt que d'épouser les valeurs de leur classe, ils se servent de leurs œuvres pour attaquer les fondements du consensus bourgeois. Les écrivains réalistes écrivent des œuvres marquées par la critique sociale et dépeignent avec précision une classe bien souvent égoïste, ignorante, guindée et conformiste. Les auteurs symbolistes, quant à eux, préfèrent ignorer la médiocrité ambiante pour imaginer un univers de rêves et de symboles, en vive réaction contre le matérialisme bourgeois.

Les ouvriers

Les ouvriers sont les premières victimes du libéralisme tel qu'il est pratiqué au 19ᵉ siècle. Puisque le travail est fort peu réglementé, les patrons ne craignent pas d'abuser de la situation. Les ouvriers travaillent souvent douze heures par jour en échange de salaires misérables. Ils doivent obéir à une sévère discipline et encourent fréquemment des amendes qui réduisent leurs salaires déjà insuffisants. Ils sont entassés dans des quartiers industriels, lieux insalubres et pollués, véritables antres de la misère. Femmes et enfants travaillent pour des salaires encore plus bas que ceux des hommes. Les problèmes de santé sont très nombreux. Les ouvriers souffrent d'empoisonnement, de tuberculose, d'intoxication ; ils sont victimes de nombreux accidents, bien souvent la conséquence de la négligence et des soucis d'économie de leurs patrons.

Certains penseurs dénoncent, dès le début du 19e siècle, cette exploitation de l'homme par l'homme. En France, le comte de Saint-Simon, Pierre Joseph Proudhon et Charles Fourier ouvrent la voie au socialisme en imaginant une société égalitariste qui respecterait tous les travailleurs. La critique la plus sévère et la plus structurée du capitalisme vient de l'Allemand Karl Marx qui, soutenu par son ami Friedrich Engels, prône le communisme et envisage une société sans classes. Les ouvriers cherchent à se regrouper et parviennent parfois à former des syndicats. Certains patrons se montrent ouverts et offrent des conditions de travail plus humaines. Mais il faut surtout signaler que les progrès sont très lents et peu significatifs. La misère du prolétariat restera longtemps celle que décrit avec minutie Émile Zola dans son roman *Germinal,* qui transforme en véritable épopée la lutte d'un groupe de mineurs qui cherchent à améliorer leurs conditions de vie et de travail.

Le colonialisme

La société libérale européenne s'appuie sur une vaste entreprise de colonisation. L'Europe profite du déclin des empires séculaires, comme ceux de la Chine, de la Turquie ou des Indes, et se partage le monde. L'Angleterre est à la tête d'un empire gigantesque sur lequel le soleil ne se couche jamais. La France a des possessions sur tous les continents. Les colonies viennent consolider les assises financières des grands États européens et satisfont leur désir de puissance. La métropole exerce un très grand pouvoir sur ses colonies par sa mainmise sur les leviers économiques et politiques. Elle installe des colons dans le but de s'approprier des territoires.

La colonisation a relativement peu d'impact sur la vie quotidienne des Européens qui, en général, voyagent fort peu. Pourtant, elle est source d'interrogation et de fascination. Les colonies évoquent un univers mystérieux qui déclenche des fantasmes d'exotisme et d'aventures. Elles sont aussi des contrées d'où proviennent des denrées de toutes sortes qui, auparavant, n'étaient pas disponibles, parfois des biens étranges ou dangereux, qui excitent l'imagination : parfums, aliments inconnus, mystérieux poisons et animaux exotiques. Les colonies sont enfin des lieux où l'on se rend pour faire fortune, pour rompre avec une vie qui n'apporte plus de satisfactions, pour connaître l'aventure et revenir riche d'expériences. Il existe une littérature, toujours très populaire aujourd'hui, qui se nourrit d'histoires et d'exploits ayant pour cadre les lointaines colonies. On pense, entre autres, aux romans de Jules Verne, de Pierre Loti, de Rudyard Kipling et de Joseph Conrad. La colonisation influence aussi des auteurs moins spécialisés, qui intègrent à leurs œuvres des touches d'exotisme, inévitables représentations des vagues échos provenant d'un immense empire.

La condition des femmes

La société libérale du 19e siècle ne traite pas les hommes et les femmes de la même manière. Les deux sexes vivent séparément : l'éducation, le travail et même certains loisirs se déroulent dans des lieux où hommes et femmes ne se rencontrent pas. Cette absence de rapports explique peut-être les discours curieux, parfois remplis de préjugés, que les hommes tiennent sur les femmes. Cela constitue aussi une des raisons de l'existence d'une profonde inégalité entre les sexes.

Le statut légal des femmes est défini par le code Napoléon, encore en vigueur dans les années 1848-1890. La loi stipule que les femmes doivent vivre sous la tutelle de leur mari ou de leur famille. La femme doit obéissance à son mari, qui a le devoir de la protéger. L'homme administre les biens de la famille. Les femmes n'ont pas le droit de vote et ne peuvent se mêler de politique. Lorsqu'elles travaillent, elles occupent généralement des emplois subalternes mal payés. Les femmes n'ont pas accès à l'éducation supérieure, ce qui contribue grandement à les empêcher de s'émanciper.

La situation des femmes, quoique déplorable, n'est peut-être pas celle d'une totale soumission comme le laissent supposer les textes des lois. La condition des femmes est en réalité en constante amélioration, même si les progrès ne sont pas énormes. Dans la bourgeoisie, certaines femmes réussissent à s'approprier un véritable pouvoir. Elles tiennent des salons, qui sont les plus importants lieux de rencontre pour les hommes et les femmes. Elles parviennent à développer de véritables réseaux d'influence qui leur donnent une grande ascendance. Les romans de Balzac, Flaubert et Maupassant montrent bien les atouts considérables des femmes, de même que les limites de leur pouvoir. Les romans réalistes, présentant des personnages féminins complexes et consistants, mettent en évidence cette vérité selon laquelle la supériorité de certains êtres est une question de don et de tempérament plutôt que de sexe. Les cas de véritable émancipation sont cependant rarissimes et les femmes doivent subir le poids d'une société où elles sont considérées comme des mineures toute leur vie.

Le positivisme

Les nombreuses inventions et découvertes qui transforment le siècle provoquent un engouement sans pareil pour les sciences. De cet engouement naît le positivisme, système philosophique créé par Auguste Comte. Ce philosophe prétend que l'humanité est arrivée à l'état « positif », ce qui signifie que l'esprit humain renonce à chercher le pourquoi des choses pour mieux comprendre les lois découvertes par l'observation et le raisonnement. « La nature de notre esprit nous porte à chercher l'essence ou le *pourquoi* des choses. En cela, nous visons plus loin que le but qu'il nous est donné d'atteindre ; car l'expérience nous apprend bientôt que nous ne devons pas aller au-delà du *comment,* c'est-à-dire au-delà de la cause prochaine ou des conditions d'existence des phénomènes[1] », a dit Claude Bernard, un disciple de Comte. Au positivisme est associé un enthousiasme pour l'avenir et une foi très grande dans la science.

Le positivisme provoque d'importantes réactions chez les écrivains. Les influences du positivisme se retrouvent tant dans les œuvres que dans les textes théoriques qui viennent soutenir les créations. Un personnage comme le détective *Sherlock Holmes,* qui résout des assassinats mystérieux par le raisonnement et la déduction, qui applique des méthodes positivistes pour neutraliser les forces occultes du crime, est tout à fait symptomatique du crédit énorme qui est accordé à la science. Son immense popularité, de

---

1. Claude Bernard cité dans Émile ZOLA, *Le roman expérimental,* Paris, Garnier-Flammarion, 1971, p. 74.

même que celle de beaucoup d'autres personnages, comme ceux que l'on trouve dans les romans de Jules Verne, montre bien que cette confiance dans la science est partagée par un nombre important de lecteurs. Les écrivains réalistes ont voulu enrichir leurs écrits par une observation rigoureuse de la société, conforme à celle du savant scrutant un phénomène. Émile Zola propose même un « roman expérimental » qui applique à la lettre les théories positivistes. Les symbolistes, cependant, réagissent vivement contre le positivisme. Ils rejettent avec vigueur ce système philosophique pragmatique qui nie la puissance de l'imagination et qui ignore les aspirations à l'absolu et au mystère propres à l'être humain.

Le réalisme

Définir le réalisme

Dans le domaine de l'art et du roman, le réalisme cherche à reproduire fidèlement la réalité. Cet objectif à la fois simple et fondamental pose toutefois quelques difficultés. La « réalité » dont il est question est multiple et changeante. Elle est si vaste que l'artiste ne peut qu'en fournir une vision partielle. Elle est vue à travers l'inévitable subjectivité de l'individu, qui l'interprète à sa manière, malgré toutes ses prétentions à l'objectivité. On doit le terme « réalisme » surtout au romancier Champfleury, qui s'est attaché à le définir. La définition qu'il en donne correspond à sa propre esthétique et ne fait pas l'unanimité. En fait, la nature du réalisme varie en fonction des écrivains, de leurs priorités et de leur vision du monde.

Le réalisme est en constante évolution, il se transforme à mesure que les auteurs majeurs qui lui sont associés développent leur œuvre. Encore fortement imprégné de romantisme chez Balzac, il est plus rigoureux chez Flaubert, devient « naturalisme » chez Zola, qui tente de lui donner des fondements scientifiques. Malgré ces différences parfois fondamentales, il est possible de déceler dans le réalisme quelques caractéristiques que l'on retrouve chez tous les auteurs, caractéristiques qui révèlent l'essence même de ce courant littéraire. Au réalisme sont donc associées les caractéristiques suivantes.

Souvenir de Mortefontaine, de Camille Corot (huile sur toile, Musée du Louvre, Paris). Le réalisme se développe silmutanément dans les domaines du roman et de la peinture. Camille Corot, un des artistes les plus représentatifs de cette école, adopte un réalisme méditatif et se consacre surtout à la représentation de paysages. Malgré son intérêt pour la qualité de l'observation, son univers demeure loin de celui des écrivains réalistes. *Souvenir de Mortefontaine,* toile empreinte de nostalgie et de sérénité, est un des chefs-d'œuvre de Corot.

- **Les écrivains réalistes veulent être « fidèles au réel ».**
  La recherche de la vraisemblance semble aller de soi pour un auteur qui projette de décrire avec précision le réel. Pourtant, cette volonté d'être fidèle au réel s'oppose au fait que le roman — à quelques exceptions près — propose depuis ses origines des accumulations de péripéties et d'aventures, d'histoires extraordinaires et tumultueuses. La recherche de vraisemblance des réalistes contraste surtout avec les outrances romantiques qui, par leur idéalisme, ne donnaient pas une vision objective de la réalité. Les réalistes s'en tiennent à ce qu'ils peuvent observer : ils éliminent toute improbabilité quant à la psychologie des personnages, toute intervention surnaturelle, toute surenchère de coïncidences. Ils veulent d'abord et avant tout reproduire « une vérité irrécusable et constante » (Maupassant). Leurs romans sont bien ancrés dans la réalité sociale, politique et économique, qui s'intègre au propos au point d'en devenir indissociable. Ces œuvres lucides, reflets critiques d'une époque, refusent les mirages et présentent un monde où les masques tombent, où la réalité s'impose dans sa netteté et sa crudité.

- **Les écrivains réalistes privilégient la rigueur de l'observation.**
Le moyen le plus efficace d'être vraisemblable est de rendre compte le plus rigoureusement possible de ce que l'on voit. Le romancier réaliste est ainsi un observateur impitoyable, qui se distingue par son souci du détail, par l'acuité de ses descriptions. Les réalistes s'attachent d'abord et avant tout à observer la nature humaine. Balzac veut écrire « l'histoire oubliée par tant d'historiens, celle des mœurs ». Maupassant raconte « l'histoire du cœur, de l'âme, de l'intelligence à l'état normal ». Zola prétend étudier « l'homme et la nature », mais il observe en fait l'engagement de l'homme dans son milieu. L'être humain est décrit avec précision, tant dans sa psychologie que dans son intégration à son milieu.

- **Les écrivains réalistes s'intéressent à tous les sujets.**
Des auteurs comme Balzac et Zola, respectivement dans *La comédie humaine* et *Les Rougon-Macquart,* conçoivent l'immense projet de décrire la société dans son ensemble. Ces vastes fresques permettent d'élargir les sujets habituellement abordés par les romanciers et montrent que des gens de toutes les classes sociales peuvent intéresser les lecteurs. Dans *Le docteur Pascal,* de Zola, le personnage principal dit au sujet de la famille Rougon-Macquart, dont il fait partie : « [E]lle est aussi un document d'histoire, elle raconte le second Empire, du coup d'État à Sedan, car les nôtres sont partis du peuple, se sont répandus parmi toute la société contemporaine, ont envahi toutes les situations, emportés par le débordement des appétits, par cette impulsion essentiellement moderne, ce coup de fouet qui jette aux jouissances les basses classes, en marche à travers le corps social[2]. »

Pour l'écrivain réaliste, il n'existe pas de sujet trivial. Par esprit d'innovation, comme conséquence de ses préoccupations sociales, par souci d'exotisme même, il s'intéresse bien souvent à des personnages banals, sans envergure, d'origine modeste. Par exemple, Flaubert décrit dans *Madame Bovary* l'existence marquée par l'ennui d'une bourgeoise de province ; Maupassant se consacre aux gens ordinaires de Normandie dans *Les contes de la bécasse* ; Zola raconte, dans *L'assommoir,* la descente aux enfers d'une ouvrière de Paris. Les réalistes ne craignent pas de plonger abruptement dans la misère et la médiocrité.

---

2. *Id., Le docteur Pascal,* Paris, Gallimard, 1993, p. 174-175. (Collection Folio)

- **Les écrivains réalistes « organisent » le réel.**

  Dans la préface de *Pierre et Jean,* Maupassant montre bien qu'il est impossible à l'écrivain de *tout* raconter. Les écrivains réalistes doivent donc sélectionner, classer, superposer les faits significatifs dans la vie de leurs personnages. Les réalistes ont ainsi une prédilection pour la scène révélatrice qui, plus que le commentaire du narrateur, permet au lecteur de comprendre la vérité du personnage. Ce choix d'épisodes significatifs n'est pas aléatoire et reflète bien souvent les prises de position des auteurs. La superposition de deux scènes est souvent très révélatrice en ce sens. Dans *Madame Bovary,* Flaubert associe la première relation amoureuse d'Emma, avec son amant Rodolphe, à une description des comices agricoles ; il montre ainsi la médiocrité de cette liaison en établissant un parallèle entre cette relation et un grotesque marché de bêtes. Zola, dans *Germinal,* fait alterner les passages où il décrit l'extrême pauvreté des mineurs avec ceux qui exposent, dans un violent contraste, l'opulence et le luxe éhonté des grands bourgeois. Ainsi, les réalistes, objectifs par leurs descriptions, affichent d'évidentes prises de position par ce qu'ils choisissent de décrire.

- **Les écrivains réalistes présentent des personnages liés à leur condition.**

  Dans le roman réaliste, les personnages appartiennent littéralement à leur milieu, au point de ne jamais pouvoir s'en détacher. Leur existence est piégée par une série de déterminismes, c'est-à-dire par leur famille, leur classe sociale, leur milieu, leur hérédité. Malgré leurs efforts, les personnages n'arrivent pas à transformer leur condition. Pour cette raison, on a souvent qualifié le roman réaliste de pessimiste.

Expression formelle du réalisme

Si Flaubert écrit beaucoup dans sa correspondance sur ses préoccupations stylistiques, l'ensemble des auteurs réalistes ne définissent pas clairement comment doit s'écrire un roman. Pourtant, une grande ressemblance formelle unit les principales œuvres réalistes. À un point tel que les réalistes proposent un véritable modèle, que beaucoup d'auteurs reproduiront fidèlement. Aujourd'hui, plusieurs romanciers appliquent encore ce modèle, alors que les écrivains les plus innovateurs le remettent sévèrement en question. Dans un roman réaliste, on trouve les caractéristiques suivantes.

- Les personnages sont clairement identifiés : le lecteur connaît leur nom, leur âge, leur famille, leur passé, leurs traits de caractère, et parfois leur hérédité. *Le héros est ambitieux*
- Les romans réalistes offrent des repères précis dans le temps et dans l'espace. On y décrit des lieux réels, on mentionne des dates, on fait allusion à des événements politiques et à des faits sociaux reconnaissables.
- L'histoire est écrite de façon linéaire, respectant l'ordre chronologique et créant une tension à la fin de chaque épisode.
- L'histoire est racontée au passé simple.
- Les auteurs privilégient la narration à la troisième personne (« il »), plus objective que la première personne.

Le naturalisme

Alors que le réalisme évolue, se transforme selon les romanciers qui l'exploitent, le naturalisme reste associé à un seul auteur : Émile Zola. Le naturalisme cherche pourtant à faire école. En 1880, dans *Le roman expérimental,* Zola définit son esthétique. La même année, il réunit chez lui, à Médan, cinq jeunes auteurs : Guy de Maupassant, Joris-Karl Huysmans, Henry Céard, Léon Hennique et Paul Alexis. Zola et ses émules écrivent chacun une nouvelle en s'inspirant de la guerre de 1870 contre la Prusse. Ils intitulent leur recueil *Les soirées de Médan.* Ce livre devient presque un manifeste, une illustration brillante et affirmée des théories naturalistes de Zola. Le regroupement reste cependant bien éphémère. Maupassant est beaucoup plus influencé par les leçons de son véritable maître, Flaubert, et sa forte personnalité fait qu'il se détache rapidement de Zola. Huysmans se tourne vers le symbolisme, surtout après avoir écrit *À rebours,* roman emblématique d'une nouvelle esthétique, à la fois décadente et raffinée. Quant aux autres auteurs, leurs œuvres ne passeront pas à la postérité.

Le naturalisme est une prolongation du réalisme. Zola cherche en fait à justifier le réalisme en donnant un fondement scientifique à sa démarche. Il demeure très influencé par les auteurs positivistes, notamment Taine, Renan et surtout Claude Bernard. Zola est convaincu qu'il est possible d'appliquer la méthode d'expérimentation utilisée dans les sciences à l'élaboration de romans. Le romancier naturaliste choisit son sujet, crée ses personnages, leur donne une

Tableau 1 Le réalisme en bref

- Le réalisme cherche à être fidèle au réel.
- Le réalisme ancre ses histoires dans un contexte social, politique et économique clairement identifié.
- Le réalisme s'intéresse aux personnages de toutes les provenances et de toutes les classes sociales.
- Le réalisme privilégie l'observation rigoureuse. Il cherche à être objectif en développant une forme précise et neutre.
- Le réalisme porte un jugement critique sur la réalité en choisissant de raconter des scènes révélatrices.
- Le réalisme présente des personnages prisonniers de déterminismes (la famille, la classe sociale, le milieu, l'hérédité).
- Le naturalisme, prolongement du réalisme, applique au roman et à la nouvelle les méthodes de la science expérimentale.

hérédité, les situe dans un milieu qu'il a déjà soigneusement étudié et au sujet duquel il a recueilli de multiples informations. Il n'a plus alors qu'à observer les résultats de l'expérience, ainsi que le fait le scientifique, et à en rendre compte dans un roman. Cette méthode permet d'exprimer avec rigueur la vérité en la purgeant des mensonges énoncés par les idéalistes : « [L]es idéalistes prétendent qu'il est nécessaire de mentir pour être moral, les naturalistes affirment qu'on ne saurait être moral en dehors du vrai[3]. »

Zola en vient à nier l'importance de l'imagination chez les écrivains, qui doit être remplacée par le « sens du réel ». Avant de commencer leurs romans, les écrivains doivent se documenter méticuleusement. Le récit s'impose alors de lui-même : « Quand ils ont étudié avec un soin scrupuleux le terrain où ils doivent marcher, quand ils se sont renseignés à toutes les sources et qu'ils tiennent en main les documents multiples dont ils ont besoin, alors seulement ils se décident à écrire. Le plan de l'œuvre leur est apporté par ces documents eux-mêmes, car il arrive que les faits se classent logiquement, celui-ci avant celui-là ; une symétrie s'établit, l'histoire se compose de toutes les observations recueillies, de toutes les notes prises, l'une amenant l'autre, par l'enchaînement même de la vie des personnages, et le dénouement n'est plus qu'une conséquence naturelle et forcée[4]. »

---

3. *Id., Le roman expérimental,* Paris, Gallimard, 1993, p. 152.
4. *Ibid.,* p. 214.

Les prétentions scientifiques du naturalisme ont été à juste titre contestées. Les romans de Zola viennent parfois démentir cette rigueur, elle-même idéaliste, qu'il prétend appliquer à son œuvre. Il faut dire que ses romans n'en souffrent pas. Le souffle *épique*, les *digressions* poétiques, les jugements voilés qui transparaissent parfois ont fort peu à voir avec l'expérimentation scientifique, renforçant plutôt la valeur littéraire de l'œuvre.

Les auteurs réalistes

Les précurseurs :
Stendhal et Honoré de Balzac

Les réalistes prétendent s'opposer radicalement au romantisme et à son idéalisme. Pourtant, l'*antagonisme* entre les deux mouvements n'est pas aussi évident qu'ils l'affirment. Le réalisme est plutôt issu du romantisme, de son désir d'explorer la vérité de l'âme, de sa volonté d'introduire du concret dans l'art. Ainsi, les récits romantiques gratifient déjà le lecteur de descriptions précises, d'allusions à la vie matérielle, d'observations sur les mœurs.

Stendhal (pseudonyme de Henri Beyle) présente des personnages fortement imprégnés de l'esprit romantique. Ses héros sont des jeunes hommes supérieurs, sincères et incompris, emportés par leurs passions, luttant contre une société médiocre victime de ses propres préjugés. Ces personnages romantiques sont toutefois situés avec précision dans le temps et dans l'espace, ce qui fera dire au critique Erich Auerbach que, dans les romans de Stendhal, les « conditions politiques et sociales du temps sont intégrées à l'action d'une manière plus exacte et réaliste que dans aucun roman, et même dans aucune œuvre littéraire antérieure, à l'exception des écrits essentiellement politiques et satiriques[5] ». Stendhal est aussi d'une très grande justesse lorsqu'il élabore la psychologie de ses personnages. À propos des personnages du roman *Le rouge et le noir*, Zola dira : « Et voilà un garçon et une femme qui s'aiment enfin comme tout le monde, sottement, profondément, avec les chutes et les sursauts de la réalité[6]. » Stendhal aborde donc la passion non pas avec complaisance ou *narcissisme*, mais par une recherche de la vérité qui l'apparente à ses successeurs.

5. Erich AUERBACH, *Mimésis*, traduction de Cornélius Heim, Paris, Gallimard, 1968, p. 453.
6. Émile ZOLA, *op. cit.*, p. 217.

L'œuvre de Stendhal, marquée par sa passion pour l'Italie, pour l'art et pour la psychologie amoureuse, est le reflet de sa vie errante, *épicurienne* et individualiste. Ses écrits abordent des sujets aussi divers que les biographies de musiciens, les récits de voyages, les essais *polémiques*. Deux romans, cependant, *Le rouge et le noir* (1830) et *La chartreuse de Parme* (1839), sont au centre de son œuvre. *Le rouge et le noir* décrit l'existence d'un jeune homme ambitieux, Julien Sorel, dont les passions contribuent à l'élever dans l'échelle sociale, mais aussi à le détruire. Dans *La chartreuse de Parme,* dont l'action se situe en Italie au lendemain des guerres napoléoniennes, Stendhal crée un autre de ses personnages fougueux et passionnés, Fabrice del Dongo, emporté par l'aventure, mais toujours attentif aux mouvements de son âme.

Chez Balzac, on observe une ambivalence similaire entre le romantisme et le réalisme. Son évolution est cependant plus nette. Alors que ses premiers romans, tels *La peau de chagrin* (1831) ou *Le lys dans la vallée* (1835), sont fortement imprégnés de romantisme, Balzac semble peu à peu prendre conscience que se développent en lui la préoccupation du détail et le désir d'observer méticuleusement la réalité. Si bien que dans ses dernières œuvres, comme *La cousine Bette* (1846) et *Le cousin Pons* (1847), il devient à la fois précis et cynique, et dénonce plus crûment que jamais les vices de la société bourgeoise.

Balzac regroupe ses romans au sein d'un immense projet, *La comédie humaine,* ensemble colossal de quatre-vingt-quinze romans et nouvelles, écrit en moins de vingt ans, décrivant tous les aspects de la société française. Travaillant sous pression, parce qu'il est constamment endetté ou ruiné par des affaires désastreuses, il produit à une cadence remarquable, le jour comme la nuit, soutenu par le café qu'il consomme à forte dose. Cette hâte à écrire affecte parfois le style, mais montre bien l'énergie créatrice peu commune de l'auteur. Bien que *La comédie humaine* reste un projet inachevé — Balzac écrit un nombre impressionnant de récits inachevés —, cet ensemble de romans réussit néanmoins à atteindre l'objectif que l'auteur s'est fixé : raconter la société dans sa totalité, donner à la France de son époque un double littéraire qui en est son vivant portrait. Balzac décrit la vie des bourgeois de Paris et de province, celle des aristocrates, des aventuriers, des prêtres, artistes, médecins, commerçants, policiers, militaires, bagnards. L'unité de l'œuvre est assurée par le retour des personnages, qui réapparaissent dans différents romans.

Les romans *Le père Goriot* et *Illusions perdues* demeurent sans aucun doute les meilleures portes d'entrée de l'univers de Balzac. Vastes fresques initiatiques, ces romans mettent en évidence des jeunes hommes remplis d'ambition — Eugène de Rastignac dans le premier et Lucien de Rubempré dans le second —, qui font découvrir au lecteur un monde grouillant, aux mille visages, qu'ils apprennent à connaître et à dominer. La société française y est décrite avec une acuité et un réalisme rarement atteints par l'auteur.

Effervescence du réalisme

La voie est désormais ouverte au courant littéraire qui donnera au roman français ses lettres de noblesse. Jamais, avant le réalisme, le roman n'avait connu un tel succès et un tel prestige. On connaît les figures de proue du réalisme que sont Flaubert, Zola et Maupassant. Il faut aussi souligner l'apport d'écrivains moins marquants, dont les œuvres reflètent les répercussions multiples du réalisme.

Encore sous l'influence du romantisme, **Prosper Mérimée** écrit des histoires courtes et passionnées, dans des lieux souvent exotiques, comme dans *Carmen* (1845), qui raconte la destinée d'une flamboyante Andalouse, ou dans *Mateo Falcone* (1833), nouvelle sur l'importance de l'honneur chez les Corses. **Henri Murger** remporte un succès considérable avec *Les scènes de la vie de bohème* (1848), qui narre de façon humoristique les mésaventures de jeunes artistes fauchés. Les frères Goncourt plongent, avant même Zola, dans la déchéance humaine en racontant le sort misérable d'une domestique dans *Germinie Lacerteux* (1865). Le *dandy* **Barbey d'Aurevilly** utilise sa plume élégante et maniérée pour décrire, dans *Les diaboliques* (1874), des passions sordides et décadentes. **Alphonse Daudet** écrit des histoires simples dans un style naïf et poétique, et connaît un grand succès avec *Les lettres de mon moulin* (1866) et *Le Petit Chose* (1868), davantage appréciés que ses œuvres ultérieures, d'un réalisme pourtant plus orthodoxe.

Gustave Flaubert

Gustave Flaubert est considéré par plusieurs comme le plus accompli des réalistes. Pourtant, son œuvre, peu abondante, bascule entre deux pôles très distincts et semble marquée par une étrange dualité. Ses romans réalistes, *Madame Bovary* (1857), *L'éducation sentimentale* (1869), de même que la nouvelle *Un cœur simple*

(1877) s'opposent à des œuvres comme *Salammbô* (1862), *La tentation de saint Antoine* (1849, 1856, 1874), *Hérodias* (1877) et *La légende de saint Julien l'Hospitalier* (1877), fortement imprégnées de romantisme et de symbolisme, ou à *Bouvard et Pécuchet* (1881), roman **parodique** et **satirique**. En fait, Flaubert en vient au réalisme après l'échec de la première version de *La tentation de saint Antoine,* œuvre égarée dans ses outrances **lyriques** et ses prétentions philosophiques. Afin de maîtriser ses excès de style, Flaubert s'inspire d'un fait divers et écrit *Madame Bovary.* Flaubert a désormais trouvé sa voie : toute son œuvre sera marquée par l'obsession du style et de la rigueur. Et c'est dans ses romans réalistes que son œuvre atteindra des sommets.

Madame Bovary raconte l'histoire d'une bourgeoise de province qui rêve d'amour, mais qui ne se lie qu'à des amants médiocres. Dans ce livre, Flaubert critique sévèrement la petite bourgeoise insignifiante, bête et mesquine, dont la vie monotone ne fait que perpétuer l'ennui. Flaubert, s'attaquant aussi à l'idéal romanesque prôné par la littérature sentimentale, rend une lectrice sensible comme Emma Bovary incapable de faire coïncider l'idéal dont elle rêve avec sa triviale réalité. *L'éducation sentimentale,* pour sa part, est un roman complexe et subtil sur la perte des illusions de jeunesse. À travers l'histoire vaguement autobiographique de Frédéric Moreau, Flaubert porte sur la société mondaine le même regard critique qu'il a porté sur les mœurs provinciales dans *Madame Bovary.* La passion de Frédéric pour une femme mariée, Mme Arnoux, s'étiole peu à peu alors que gronde la révolution de 1848 et que les protagonistes observent de loin, avec indifférence, les combats de rue. L'éducation de Frédéric est en fait un triste apprentissage du désenchantement.

Émile Zola

Prenant comme modèle Balzac et sa *Comédie humaine,* Émile Zola entreprend, lui aussi, avec *Les Rougon-Macquart,* un grand projet romanesque, qui couvre tout le règne de Napoléon III, de ses origines à sa chute. Contrairement à Balzac, qui n'arrive que tardivement à constater l'unité de son œuvre, Zola amorce son projet avec un plan précis qui prendra de l'ampleur en cours de rédaction. Zola est un travailleur méticuleux. Il écrit en moyenne un roman par année, s'attablant à sa tâche avec une ponctualité exemplaire. Sa description de la société est tout aussi méthodique : chaque roman traite d'un sujet particulier, de manière à donner de la société une image globale. Ouvriers, hommes politiques, financiers, mineurs, courtisanes, cheminots, artistes, ecclésiastiques, paysans, commerçants, militaires, bourgeois de Paris ou de province, tous sont scrutés par Zola.

Les romans de Zola ne sont pas de qualité égale et un parcours intégral des Rougon-Macquart pourrait sembler exigeant pour certains lecteurs. Plusieurs romans, cependant, se détachent de l'ensemble. *Germinal* (1885) dessine un portrait sidérant de l'exploitation des mineurs. Les descriptions du mouvement des grévistes, de la misère au quotidien, de la mine comme monstre qui sommeille, atteignent une grande force d'évocation et le récit est porté par une véritable dimension épique. Avec *L'assommoir* (1877), Zola obtient son premier succès. Dans ce livre, l'auteur décrit un paroxysme de la déchéance. Il dépeint le sort d'une ouvrière victime de son alcoolisme et transformée par son vice en pitoyable loque. Dans *Nana* (1880), Zola raconte l'histoire d'une courtisane qui, par son pouvoir de séduction, ruine sans remords les hommes épris d'elle. *L'œuvre* (1886) occupe une place particulière parmi les Rougon-Macquart, puisque Zola y intègre un personnage autobiographique, Pierre Sandoz, qui observe le travail de ses amis peintres dont les recherches s'apparentent à celle du groupe des ***impressionnistes.***

Guy de Maupassant

Le jeune Guy de Maupassant a la chance de rencontrer Flaubert, qui s'intéresse à ses écrits, le lit, le corrige, lui impose des exercices, avec une attention soutenue. Ces leçons seront pour lui un apprentissage de la rigueur et de la précision. Comme Flaubert, Maupassant accorde une grande importance au style. Mais son style, plus spontané et emporté que celui de son maître, est constamment au service de son talent de conteur. Au moyen d'une remarquable économie de moyens, Maupassant a le don de captiver le lecteur, de l'entraîner dans des histoires efficaces et bien construites. Il consacre ce don à l'écriture de très nombreuses nouvelles (plus de trois cents en dix années), ce qui fait de lui l'un des écrivains francophones qui a le mieux maîtrisé ce genre littéraire.

Malgré sa prédilection pour la nouvelle, Maupassant écrit quelques romans, dont *Une vie* (1883), *Bel-Ami* (1885) et *Pierre et Jean* (1888), qui lui assurent la gloire. Ces romans décrivent avec pessimisme la cruauté des rapports entre les hommes et les femmes, l'incompréhension entre les deux sexes. *Une vie* et *Bel-Ami* présentent deux facettes de l'univers de Maupassant. Le premier raconte la triste destinée d'une femme trop bonne isolée dans une lointaine Normandie, tandis que le second expose l'ascension dans un Paris mondain d'un arriviste égoïste et sans scrupule.

Atteint de maladie mentale, Maupassant délaisse l'approche réaliste en faveur d'un fantastique insolite et angoissé, reflet de ses inquiétudes et de sa crainte de se voir basculer dans la folie. La longue nouvelle *Le Horla* (1887) met en évidence un personnage envahi dans son intimité par un mystérieux et invisible mutant. Cette nouvelle fantastique, paradoxalement renforcée par un important discours scientifique, peut être interprétée comme une allégorie de la folie qui menace alors Maupassant.

Le réalisme par les textes : l'arrivée à Paris

Parmi tous les thèmes abordés par les réalistes, il en est un qui leur tient particulièrement à cœur : l'ascension sociale du jeune ambitieux. Ce sujet permet mieux que les autres d'ausculter la réalité contemporaine. Dans son parcours, qu'il soit réussi ou non, le jeune homme se mêle à des individus de toutes extractions, se liant d'abord à des gens humbles, puis fréquentant peu à peu la grande société. Le lecteur découvre en même temps que le jeune homme le fonctionnement complexe et rempli de pièges d'un univers sans mode d'emploi où les apparences sont trompeuses. Cette véritable *initiation* que subit le jeune homme, cet apprentissage à la dure des usages du monde, sert de prétexte à un portrait de société qui est sans égal dans le roman réaliste. Le thème est d'autant plus pertinent qu'il est dans tous les cas — jusqu'à un certain point — autobiographique, puisque tous les romanciers réalistes ont dû, eux aussi, arriver à Paris et se faire un nom dans cette société où « la corruption est en force, le talent rare », comme le dit Balzac.

L'arrivée à Paris constitue un moment privilégié dans la vie du jeune homme. Celui-ci doit évaluer ses forces, mesurer ce qui l'attend, confronter ses rêves à la réalité. Paris est à l'époque la ville où tout se joue, l'unique lieu du pouvoir, de la fortune, de la réussite. En arrivant à Paris, le jeune homme se prépare à la bataille de sa vie, dont les enjeux sont, pour lui, énormes : s'il vainc, il connaîtra la considération, la richesse et le plaisir ; s'il perd, il devra se retirer, humilié, et mener une existence ennuyeuse. Tous les grands auteurs réalistes ont abordé ce sujet fondamental. Pour les besoins de la présente analyse, quelques extraits significatifs seront ici comparés et montreront comment Balzac, Flaubert, Zola et Maupassant traitent de cette problématique.

Extrait du *Père Goriot*[7]

Honoré de Balzac

Eugène de Rastignac était revenu dans une disposition d'esprit que doivent avoir connue les jeunes gens supérieurs, ou ceux auxquels une position difficile communique momentanément les qualités des hommes d'élite. Pendant sa première année de séjour à Paris, le peu
5 de travail que veulent les premiers grades à prendre dans la Faculté l'avait laissé libre de goûter les délices visibles du Paris matériel. Un étudiant n'a pas trop de temps s'il veut connaître le répertoire de chaque théâtre, étudier les issues du labyrinthe parisien, savoir les usages, apprendre la langue et s'habituer aux plaisirs particuliers de la
10 capitale ; fouiller les bons et les mauvais endroits, suivre les cours qui amusent, inventorier les richesses des musées. Un étudiant se passionne alors pour des niaiseries qui lui paraissent grandioses. Il a son grand homme, un professeur du Collège de France, payé pour se tenir à la hauteur de son auditoire. Il rehausse sa cravate et se pose
15 pour la femme des premières galeries de l'Opéra-Comique. Dans ces initiations successives, il se dépouille de son aubier, agrandit l'horizon de sa vie, et finit par concevoir la superposition des couches humaines qui composent la société. S'il a commencé par admirer les voitures au défilé des Champs-Élysées par un beau soleil, il arrive
20 bientôt à les envier. Eugène avait subi cet apprentissage à son insu, quand il partit en vacances, après avoir été reçu bachelier ès Lettres et bachelier en Droit. Ses illusions d'enfance, ses idées de province avaient disparu. ■

Dès le début de cet extrait, Balzac porte un jugement sur son personnage : Rastignac ferait partie de l'élite, des « jeunes gens supérieurs ». Mais, parmi ce groupe, il n'est qu'un individu ordinaire représentatif de tous les autres. Alors, Balzac cesse de parler spécifiquement de lui et utilise le terme « étudiant », neutre et impersonnel. L'« étudiant » sera en contact avec la réalité parisienne

7. Honoré de BALZAC, *Le père Goriot*, Paris, Gallimard, 1971, p. 55-56. (Collection Folio)

sous le mode de la fascination : il découvre des « plaisirs particuliers » et des niaiseries grandioses, suit des « cours qui amusent » avec un « grand homme », pose pour les femmes, admire les voitures par un « beau soleil ». De ces « initiations successives », Eugène en retire un « apprentissage à son insu ». L'apprentissage du monde, le seul qui intéresse un jeune homme « supérieur », est celui d'une vie brillante et mondaine, qui est le contraire de l'existence laborieuse du provincial monté à Paris pour entreprendre de véritables études.

Par l'usage du terme « étudiant », Rastignac devient donc un cas représentatif du sort des autres dandys, tellement présents dans l'œuvre de Balzac, les de Rubempré, de Marsay, de Valentin ou de Vandenesse. L'intérêt du roman *Le père Goriot* est sans aucun doute d'introduire, par le personnage de Rastignac, l'archétype du jeune homme ambitieux se faufilant habilement dans le grand monde, le modèle le plus exemplaire de l'ascension sociale.

Extrait de *L'éducation sentimentale*[8]

Gustave Flaubert

Le 15 septembre 1840, vers six heures du matin, *la Ville-de-Montereau,* près de partir, fumait à gros tourbillons devant le quai Saint-Bernard. Des gens arrivaient hors d'haleine ; des barriques, des câbles, des corbeilles de linges gênaient la circulation ; les
5 matelots ne répondaient à personne ; on se heurtait ; les colis montaient entre les deux tambours, et le tapage s'absorbait dans le bruissement de la vapeur, qui, s'échappant par des plaques de tôle, enveloppait tout d'une nuée blanchâtre, tandis que la cloche, à l'avant, tintait sans discontinuer. Enfin le navire partit ; et les deux
10 berges, peuplées de magasins, de chantiers et d'usines, filèrent comme deux larges rubans que l'on déroule.

Un jeune homme de dix-huit ans, à longs cheveux et qui tenait un album sous son bras, restait auprès du gouvernail, immobile. À travers le brouillard, il contemplait des clochers, des édifices dont
15 il ne savait pas les noms ; puis il embrassa, dans un dernier coup d'œil, l'île Saint-Louis, la Cité, Notre-Dame ; et bientôt, Paris disparaissant, il poussa un grand soupir. M. Frédéric Moreau, nouvellement reçu bachelier, s'en retournait à Nogent-sur-Seine, où il devait languir pendant deux mois, avant d'aller *faire son droit.* Sa

---

8. Gustave FLAUBERT, *L'éducation sentimentale,* Paris, Livre de poche, 1965, p. 19-20.

20 mère, avec la somme indispensable, l'avait envoyé au Havre voir un oncle, dont elle espérait, pour lui, l'héritage ; il en était revenu la veille seulement ; et il se dédommageait de ne pouvoir séjourner dans la capitale, en regagnant sa province par la route la plus longue. ▪

Cet extrait, *incipit* du roman, contraste avec celui de Balzac par l'absence de jugement sur le personnage et sur la société parisienne. Paris est observé par un regard neutre, presque photographique, qui scrute d'une manière attentive une scène de la vie quotidienne : le départ d'un bateau sur la Seine. La ville est cependant montrée dans toute son animation rustaude. Malgré l'heure matinale, elle est bruyante (l'auteur parle de « tapage », de « bruissement », de « cloche » qui « tintait sans discontinuer ») et agitée (la fumée tourbillonne, les gens sont « hors d'haleine », les colis montent, la vapeur s'échappe, le navire part).

L'attitude du jeune homme, Frédéric Moreau, qu'on découvre alors, tenant un album et restant « immobile » à contempler la ville, contraste brusquement avec la précédente description. La situation mise en évidence est d'ailleurs ironique : alors que le roman racontera l'ascension d'un jeune homme dans la société parisienne, il commence par le départ de ce personnage pour la province. Flaubert fait découvrir deux aspects du personnage par de légères allusions. Frédéric Moreau ignore encore beaucoup de choses à propos de Paris, puisqu'il regarde des constructions « dont il ne savait pas les noms ». Son attachement pour cette ville est cependant bien réel, puisque Frédéric revient dans sa province « par la route la plus longue ».

Cet extrait, par son réalisme et son pragmatisme, laisse déjà entendre que Frédéric Moreau n'aura pas un parcours aussi triomphant que celui des dandys balzaciens. Personnage hésitant et passif, Frédéric Moreau intériorisera davantage ses défaites qu'un Rastignac ; son contact avec le monde sera nettement moins enthousiaste et le heurtera au point de le rendre pessimiste et désillusionné.

Extrait de *L'œuvre*[9]

Émile Zola

C'était vrai, depuis que les trois inséparables avaient réalisé leur rêve de se retrouver ensemble à Paris, pour le conquérir, l'existence se faisait terriblement dure. Ils essayaient bien de recommencer les grandes promenades d'autrefois, ils partaient à pied, certains

9. Émile ZOLA, *L'œuvre,* Paris, Livre de poche, 1973, p. 49-50.

5 dimanches, par la barrière de Fontainebleau, allaient battre les taillis de Verrières, poussaient jusqu'à Bièvre, traversaient les bois de Bellevue et de Meudon, puis rentraient par Grenelle. Mais ils accusaient Paris de leur gâter les jambes, ils n'en quittaient plus guère le pavé, tout entiers à leur bataille.

10 Du lundi au samedi, Sandoz s'enrageait à la mairie du cinquième arrondissement, dans un coin sombre du bureau des naissances, cloué là par l'unique pensée de sa mère, que ses cent cinquante francs nourrissaient mal. De son côté, Dubuche, pressé de payer à ses parents les intérêts des sommes placées sur sa tête,
15 cherchait de basses besognes chez des architectes, en dehors de ses travaux de l'École. Claude, lui, avait sa liberté, grâce aux mille francs de rente : mais quelles fins de mois terribles, surtout lorsqu'il partageait le fond de ses poches ! Heureusement, il commençait à vendre de petites toiles achetées des dix et douze francs
20 par le père Malgras, un marchand rusé ; et, du reste, il aimait mieux crever la faim, que de recourir au commerce, à la fabrication des portraits bourgeois, des saintetés de pacotille, des stores de restaurant et des enseignes de sage-femme. ▪

Cet extrait se distingue des précédents parce qu'il ne présente pas un unique personnage, mais un groupe de trois individus, qui affichent une certaine solidarité dans leur volonté de réussir. Ce qui

Autoportrait au chapeau de feutre, de Paul Cézanne (huile sur toile, 61,5 cm x 50,5 cm, Musée de Berne). Les peintres réalistes sont les contemporains de Flaubert, de Zola et de Maupassant ; par contre, ils sont de la génération des impressionnistes, dont l'art se distingue, dans sa description de la réalité, par un usage jouissif de la couleur et de la lumière. Zola vit d'ailleurs une grande amitié avec le peintre Cézanne, qu'il représente sous les traits de Claude Lantier dans *L'œuvre*. Le portrait négatif que le romancier fait de son personnage entraîne la rupture entre les deux artistes.

est dit pour Claude vaut pour les deux autres : ces jeunes hommes n'ont pas de vagues ambitions, ils veulent réussir dans un domaine en particulier, celui de l'art. Le texte apprend au lecteur que Claude est peintre, que Dubuche s'intéresse à l'architecture, et on découvre dans le roman que Sandoz veut être écrivain. Le parcours de ces trois jeunes hommes est, dès le départ, marqué par la désillusion. Si les personnages parlent de « conquérir » Paris, de se consacrer à la « bataille », les résultats sont décevants. Sandoz « s'enrag[e] » à la mairie, Dubuche accomplit de « basses besognes », Claude préfère « crever la faim » plutôt que de faire des compromis dans sa quête artistique. Tous trois éprouvent la nostalgie d'une vie à l'extérieur de Paris, qui les amène, le dimanche, à « battre les taillis » ou à traverser les bois de la proche campagne. Mais leurs ambitions les lient à la capitale.

Le ton du texte est ici moins neutre que chez Flaubert et moins emporté que chez Balzac. Vers la fin de l'extrait, lorsque l'auteur parle de Claude, il épouse le point de vue intransigeant du personnage. L'entêtement du peintre à refuser de faire des compromis dans son travail causera d'ailleurs sa perte. À trop vouloir produire le chef-d'œuvre absolu, Claude basculera dans la folie.

Extrait de *Bel-Ami* [10]

Guy de Maupassant

Quand la caissière lui eut rendu la monnaie de sa pièce de cent sous, Georges Duroy sortit du restaurant.

Comme il portait beau, par nature et par pose d'ancien sous-officier, il cambra sa taille, frisa sa moustache d'un geste militaire
5 et familier, et jeta sur les dîneurs attardés un regard rapide et circulaire, un de ces regards de joli garçon, qui s'étendent comme des coups d'épervier.

Les femmes avaient levé la tête vers lui, trois petites ouvrières, une maîtresse de musique entre deux âges, mal peignée, négligée,
10 coiffée d'un chapeau toujours poussiéreux et vêtue d'une robe toujours de travers, et deux bourgeoises avec leurs maris, habituées de cette gargote à prix fixe.

[...]

Il marchait ainsi qu'au temps où il portait l'uniforme des hus-
15 sards, la poitrine bombée, les jambes un peu entr'ouvertes comme

---

10. Guy de MAUPASSANT, *Bel-Ami,* Paris, Gallimard, 1973, p. 31-32. (Collection Folio)

s'il venait de descendre de cheval ; et il avançait brutalement dans la rue pleine de monde, heurtant les épaules, poussant les gens pour ne point se déranger de sa route. Il inclinait légèrement sur l'oreille son chapeau à haute forme assez défraîchi, et battait le
20 pavé de son talon. Il avait l'air de toujours défier quelqu'un, les passants, les maisons, la ville entière, par chic de beau soldat tombé dans le civil.

Quoique habillé d'un complet de soixante francs, il gardait une certaine élégance tapageuse, un peu commune, réelle cependant.
25 Grand, bien fait, blond, d'un blond châtain vaguement roussi, avec une moustache retroussée, qui semblait mousser sur sa lèvre, des yeux bleus, clairs, troués d'une pupille toute petite, des cheveux frisés naturellement, séparés par une raie au milieu du crâne, il ressemblait bien au mauvais sujet des romans populaires. ■

Cet extrait, comme celui tiré de *L'éducation sentimentale,* est aussi l'incipit du roman. L'attention du lecteur est attirée par la description de Georges Duroy, une description qui n'adopte en rien le point de vue du personnage, qui conserve une objectivité apparente proche de celle de Flaubert. Pourtant, par le choix du vocabulaire, par l'attention portée à certains détails, Maupassant dresse, outre un portrait physique de son héros, un portrait psychologique remarquablement conforme à ce que sera le personnage dans tout le roman.

Duroy se distingue d'abord par sa beauté physique. Il porte « beau », il lance « un de ces regards de joli garçon », il est « [g]rand, bien fait », il a un « chic de beau soldat ». Cette apparence avantageuse est confirmée par la réaction qu'il suscite auprès des femmes. Ainsi, le troisième paragraphe est prémonitoire : c'est par les femmes que Duroy réalisera son ascension sociale. Duroy est aussi un ancien sous-officier. Il conserve ses manières de militaire, soulignées par une grande assurance et une allure de conquérant. Son regard est comparé à des « coups d'épervier », il marche « la poitrine bombée », il avance « brutalement », « poussant les gens », il a l'air de tout défier. Malgré l'apparente objectivité de ce portrait, Maupassant esquisse une subtile critique du personnage, dont l'élégance est « tapageuse » et « commune », dont les gestes poseurs en font un orgueilleux, dont l'empressement à se faire un chemin parmi la foule est la marque d'un certain égoïsme. Ainsi, Duroy serait un « mauvais sujet », sous une apparence agréable. L'ensemble du roman *Bel-Ami* en sera la démonstration.

Tableau 2   Tableau récapitulatif

EXTRAIT	CARACTÉRISTIQUES
Le père Goriot	• Vision enthousiaste d'un Paris fascinant. • Personnage représentatif de tous les jeunes hommes qui vivent une expérience semblable.
L'éducation sentimentale	• Présentation d'un Paris animé et populaire, décrit avec objectivité. • Personnage calme et serein, contrastant avec l'agitation autour de lui, pris dans une situation paradoxale : il quitte Paris tout en sachant qu'il s'y établira bientôt.
L'œuvre	• Paris est l'unique lieu de la réussite, mais la capitale n'est pas aussi agréable que la campagne environnante. • Les personnages sont de jeunes artistes ambitieux, qui aspirent à une importante réussite dans leur domaine respectif, mais qui vivent une réalité les forçant à faire des compromis.
Bel-Ami	• Présentation du Paris des grands boulevards, avec son animation et ses jeux de regards entre les hommes et les femmes. • Personnage séducteur et dominateur, très beau, mais peu distingué.

Analyse littéraire

Œuvre à l'étude : *Bel-Ami*[11], de Guy de Maupassant

Dans *Bel-Ami,* Maupassant, conteur particulièrement efficace parmi les réalistes, est au sommet de son art. Non seulement parvient-il à écrire l'histoire captivante d'une fulgurante ascension sociale, avec ses rebondissements et son implacable mécanisme, mais il y atteint un niveau de lucidité et de critique sociale rarement atteint dans son œuvre. *Bel-Ami* est un roman tout à fait exemplaire de l'esthétique réaliste. Son analyse constitue un modèle pour l'étude de tout autre roman associé à ce courant littéraire.

Présentation de l'auteur

Guy de Maupassant naît en 1850, au château de Miromesnil. Son enfance en Normandie auprès de sa mère marque beaucoup son œuvre, notamment le roman *Une vie* et plusieurs de ses contes.

---

11. Édition retenue : Guy de MAUPASSANT, *Bel-Ami*, Paris, Gallimard, 1973, 432 p. (Collection Folio)

Guy de Maupassant
(1850-1893)

Il vit dans un milieu cultivé et bénéficie des conseils de Flaubert, un ami de sa mère, qui manifeste de l'intérêt pour l'écrivain en herbe. Devenu adulte, Maupassant est témoin de la débâcle de l'armée française durant la guerre de 1870, puis il s'établit à Paris et devient commis dans un ministère. Les leçons de Flaubert et son amitié pour Émile Zola l'amènent à connaître son premier succès, obtenu grâce à la nouvelle *Boule-de-Suif* qu'il publie dans le recueil collectif *Les soirées de Médan*.

Puis s'enchaînent de nombreuses réussites littéraires dans le domaine du roman et de la nouvelle. Maupassant profite largement de ses succès mondains. D'allure athlétique, aimant le sport et l'exercice physique, il mène une vie bien remplie, jalonnée de conquêtes féminines, emportée par la fête. Surmené, atteint de syphilis, il devient angoissé et est victime d'hallucinations. Les nouvelles qu'il écrit sont alors marquées par ses angoisses ; il rejette le strict réalisme pour imprégner ses récits de fantastique. Il bascule peu à peu dans la folie et doit être interné. Il meurt sans avoir retrouvé sa lucidité, à l'âge de quarante-trois ans.

Résumé de *Bel-Ami*

Georges Duroy, ancien sous-officier en Algérie, obtient à son arrivée à Paris un travail humble qui ne le satisfait pas. Il rencontre par hasard un de ses amis, Forestier, un important journaliste, qui lui trouve un emploi dans son journal. Duroy remporte un premier succès grâce à un article qu'il écrit avec l'aide de Madeleine, la femme de Forestier. Madeleine refuse de collaborer de nouveau avec lui et, sans son aide, Duroy doit se contenter d'exécuter de basses tâches. Mais il apprend peu à peu. Ses progrès sont favorisés par le fait qu'il se trouve une maîtresse bourgeoise, Mme de Marelle, qui lui apprend les usages du monde. La fille de Mme de Marelle, séduite par Duroy comme toutes les femmes, lui donne le surnom de Bel-Ami. Lorsque Forestier meurt d'une longue maladie, Duroy est prêt à prendre sa place au journal, et épouse Madeleine. Duroy est rapidement insatisfait de son mariage, qui n'est plus à la mesure de ses ambitions. Il prend comme maîtresse Mme Walter, la femme du très riche propriétaire du journal, non par amour, mais par défi. Pour s'enrichir, Duroy dépouille Madeleine de la moitié d'un héritage qu'elle vient de toucher et profite d'une indication secrète de Mme Walter, qu'il méprise désormais ouvertement. Son arrivisme n'a plus de limite. Il piège Madeleine au lit avec un ministre, ce qui lui permet de divorcer et de faire tomber le ministre. Il enlève la fille de Mme Walter, puis l'épouse. Il est désormais riche, célèbre, et promis à un brillant avenir politique.

Méthode d'analyse

Lorsqu'on entreprend l'étude d'un roman réaliste, il est important d'aborder les trois aspects suivants :
- le contexte sociohistorique ;
- les événements narratifs ;
- les personnages.

La méthode d'analyse qui suit vous permettra de comprendre comment aborder ces aspects. Cette méthode d'analyse est ensuite appliquée à l'œuvre à l'étude, soit *Bel-Ami,* de Guy de Maupassant.

Le contexte sociohistorique
Tout roman réaliste est ancré dans l'histoire contemporaine. Les auteurs ne craignant pas de faire allusion à des faits sociaux, à des problèmes, à des événements marquants, il est important, pour la compréhension du roman, de *répertorier les principales allusions à des faits sociaux et politiques réels dans l'œuvre*. La section « Le contexte », en début de chapitre, peut aider à situer les événements historiques auxquels l'œuvre fait allusion. Mais, pour la plupart des romans, il est nécessaire de *compléter la recherche en consultant des ouvrages spécialisés*. Il sera alors possible d'observer *comment l'auteur traite les différents événements rapportés*. Les écrivains réalistes sont presque toujours très critiques. Il faut donc *déterminer le sens de cette critique et ses fondements*.

Le roman *Bel-Ami* trace un portrait très large de la société française. Le parcours de Georges Duroy le mène des casernes militaires aux salons bourgeois, des quartiers populaires aux cercles restreints de l'élite financière et de la classe politique. La grande mobilité du personnage principal et son aisance à passer d'un milieu à l'autre en font un excellent guide, et son ambition l'oblige à porter une attention particulière aux gens, aux événements, de manière qu'il puisse profiter de toutes les situations et améliorer son sort. Les événements et les faits de société mentionnés dans le roman sont trop nombreux pour qu'on puisse tous les énumérer. Parmi les grands sujets abordés dans le roman, en voici les principaux.

- **La presse**
  Par sa profession, Duroy introduit le lecteur dans le milieu du journalisme, à la fin du 19e siècle. Le sujet est particulièrement pertinent parce que la presse est un lieu de pouvoir, c'est-à-dire un lieu de luttes incessantes et de corruption. Le pouvoir de la presse écrite est d'autant plus grand à l'époque de Maupassant qu'elle règne sans compétition : avant l'invention de la radio et de la télévision, le journal est le seul moyen de s'informer de l'actualité.

  Par ailleurs, la compétition entre les différents journaux est féroce. Il existe alors entre cinquante et soixante-dix journaux à Paris, représentant les tendances les plus diverses. Dans ces circonstances, il est facile de s'improviser journaliste. Cette profession ne demande, à cette époque, aucune compétence particulière. Elle s'exerce dans le contexte d'une liberté de presse presque absolue. Aucun code de déontologie ni aucune censure ne freinent l'ardeur des journalistes. En cas d'attaque trop virulente, on préfère régler la question en provoquant un duel...

  La critique du milieu journalistique que Maupassant élabore dans *Bel-Ami* est très sévère. Maupassant montre bien que le journaliste ne doit pas dire la vérité, mais écrire des articles complaisants et sensationnels (par exemple, celui qui est intitulé *Souvenirs d'un chasseur africain*). Il laisse entendre que la profession est ouverte aux aventuriers, que le talent pour l'écriture demeure secondaire, que l'audace vaut beaucoup plus que la probité, que les contacts servent davantage qu'un travail sérieux. Les journalistes sont rarement intègres, ils font le jeu des gens de pouvoir, qu'ils soient de la finance ou de la politique. Leur conscience professionnelle laisse à désirer : ils sont routiniers, paresseux, frivoles. Le portrait est donc pessimiste et dur. Mais il est difficile de soutenir qu'il ne correspond pas à la réalité.

- **L'expansion coloniale**
  Dans la seconde partie du roman, l'affaire du Maroc prend une importance considérable. Maupassant s'inspire pour ce passage

de la prise de contrôle de la Tunisie par la France. Cette prise de contrôle se déroule selon les étapes suivantes : la France prête de l'argent au gouvernement tunisien à des taux exagérément élevés ; la Tunisie est incapable de régler sa dette ; l'armée française envahit alors le pays ; le gouvernement français garantit la dette ; les affaires reprennent sous la gouverne des Français. En transposant cette situation dans la réalité marocaine, Maupassant a une étonnante prémonition : peu après, le Maroc subit le même sort que la Tunisie.

Dans *Bel-Ami,* Maupassant montre bien tout le drame de la colonisation, masqué par l'intolérable cynisme de la classe politique et financière. La colonisation est d'abord et avant tout un moyen pour les gens riches de devenir encore plus riches et de donner des assises encore plus solides à leur pouvoir. Tous affichent une indifférence totale envers la dure réalité de la colonisation — à moins que ses échos ne parviennent jusqu'à la métropole entièrement dilués par l'exotisme factice de l'article *Souvenirs d'un chasseur africain.* Cette indifférence se transforme en pure inhumanité lorsque Duroy évoque avec « un sourire gai et cruel » une escapade ayant coûté la vie à trois Arabes.

- **La condition des femmes**
La condition des femmes et leur soumission au pouvoir masculin sont surtout représentées par le personnage de Madeleine, femme intelligente, dotée d'un véritable talent journalistique. Pourtant, Madeleine ne peut exercer ce talent qu'en utilisant des prête-noms qui peuvent toujours lui faire faux bond. Madeleine veut être une femme libre. Pour elle, le mariage n'est « pas une chaîne, mais une association ». Elle ajoute même : « [I]l faudrait aussi que cet homme [son mari] s'engageât à voir en moi une égale, une alliée, et non pas une inférieure ni une épouse obéissante et soumise. » Pourtant, sa situation de femme la rend particulièrement vulnérable aux manigances de Duroy, surtout lorsqu'il sera question de l'héritage de Vaudrec. Vis-à-vis de Duroy, cependant, Madeleine n'est pas un cas unique : l'intelligence fléchit devant les audaces du séducteur, qui ne fait jamais de cadeaux. Duroy se sert des femmes, mais ne sert jamais les femmes.

Dans *Bel-Ami,* Maupassant montre bien comment agit le pouvoir des femmes. Les femmes interviennent directement pour améliorer le sort de l'ambitieux, elles déterminent sa réussite. Sans leur appui, l'ambitieux s'enlise et piétine. Georges Duroy le comprend rapidement. Son parcours le mène d'une femme à l'autre, de Rachel à Mme de Marelle, à Madeleine, à Mme Walter, à Suzanne. De chacune, il obtient davantage, jusqu'à ce qu'il n'ait plus rien à demander. Mais tout en mettant en évidence le pouvoir des femmes, Maupassant expose surtout les limites de ce pouvoir. La liberté des femmes est restreinte, la loi les contraint à se soumettre à leur mari, les usages les obligent à rester dans l'ombre. Ainsi les femmes peuvent donner, mais difficilement recevoir. Malgré une certaine émancipation sexuelle (Mme de Marelle profite à la fois d'un mariage avantageux et du plaisir d'avoir un amant), malgré les interventions nombreuses de femmes influençant la vie publique, Maupassant dévoile un système de répression subtil, efficace, profitant aux hommes.

Les événements narratifs   Maupassant souligne l'impossibilité pour l'écrivain réaliste de rendre compte de *toute* la réalité. Il affirme, dans la préface de *Pierre et Jean,* à propos du travail du romancier : « L'habileté de son plan ne consistera donc point dans l'émotion ou dans le charme, dans un début attachant ou dans une catastrophe émouvante, mais dans le groupement adroit des petits faits constants d'où se dégagera le sens définitif de l'œuvre[12]. » L'écrivain réaliste intervient par les scènes qu'il décide de retenir, par l'organisation qu'il donne à son récit. Il est donc essentiel, pour apprécier sa démarche, de *dresser la liste des diverses scènes exposées, des événements qui font progresser l'histoire (qu'on appelle événements narratifs).* La confrontation de ces événements permet d'*observer la logique interne qui permet d'organiser l'œuvre.*

Dans *Bel-Ami,* la structure narrative est à l'image du triomphe du personnage. Le cheminement de Duroy est en constante progression. Ne subissant jamais de véritables revers, Duroy avance comme un char de combat, parvenant à vaincre tous les obstacles avec une facilité déconcertante. Jamais il n'échoue, jamais il ne doit se remettre en question. Pourtant sa réussite est tributaire de sa dépravation morale. Si, au départ, le lecteur se demande jusqu'à quel point Duroy pourra réussir, ne sachant s'il doit ressentir de la sympathie pour ce personnage, il en

---

12. Guy de MAUPASSANT, *Pierre et Jean,* Paris, Livre de poche, 1984, p. 21.

Tableau 3 Les événements narratifs dans *Bel-Ami* (première partie)

CHAPITRE	PRINCIPAL ÉVÉNEMENT NARRATIF	CONSÉQUENCES POUR DUROY
1	Duroy rencontre Forestier.	• Duroy trouve un métier qui lui convient. • Forestier donne à Duroy l'occasion d'entrer en contact avec des gens importants.
2	Duroy connaît son premier succès en société.	• Duroy découvre que son apparence physique est à son avantage, qu'il séduit facilement.
3	Duroy rédige, avec l'aide de Madeleine, son premier article.	• Cet article assure un premier succès à Duroy. • Cet article lui permet aussi de se rendre compte de ses limites : il aurait été incapable de l'écrire seul.
4	Duroy apprend le métier de reporter.	• Son apprentissage lui est profitable : il devient « un remarquable reporter » (p. 101).
5	Duroy se lie avec Mme de Marelle.	• Duroy a désormais une maîtresse bourgeoise, ce qui lui donne du prestige. • Duroy se raffine au contact de sa maîtresse et s'amuse. • Duroy retire de l'argent de cette relation (par les billets que lui glisse sa maîtresse).
6	Duroy devient chef des « Échos ».	• Duroy obtient un premier poste important au journal. • Duroy peut tester une fois de plus son pouvoir d'attraction sur les femmes (sur Mme Walter en particulier).
7	Duroy se bat en duel.	• Duroy fait preuve de « courage » (en apparence) et s'assure le respect de ses collègues journalistes.
8	Après la mort de Forestier, Duroy s'assure d'épouser Madeleine.	• Duroy peut prendre la place de Forestier au journal et s'occuper de politique. • En épousant Madeleine, il peut bénéficier de ses conseils, de ses relations et, surtout, de son talent de journaliste.

vient rapidement à s'interroger : jusqu'où Duroy osera-t-il aller pour satisfaire son ambition ? Quoi qu'il en soit, le parcours de Bel-Ami se fait en ligne droite et la surprise du lecteur est de constater que ce parcours vers le haut ne sera en rien perturbé.

La situation de Duroy à la fin de la première partie peut être mise en parallèle avec sa situation initiale. Lorsque Duroy rencontre Forestier pour la première fois, il a tout à lui envier : son ami occupe une très bonne position, entretient de puissantes relations et a une

Tableau 4   Les événements narratifs dans *Bel-Ami* (seconde partie)

CHAPITRE	PRINCIPAL ÉVÉNEMENT NARRATIF	CONSÉQUENCES POUR DUROY
1	Duroy visite sa famille et revient avec un nouveau nom : Du Roy de Cantel.	• Ce séjour chez ses parents lui permet de rompre définitivement avec ses humbles origines. • Duroy peut ainsi se rebaptiser et s'inventer une origine noble.
2 et début 3	Duroy se débarrasse du fantôme de Forestier (en le méprisant devant Madeleine et en menaçant les journalistes).	• Duroy affirme sa personnalité, différente de celle de Forestier. • Duroy se délivre de l'influence envahissante de Madeleine. • Duroy assure sa crédibilité au journal.
3 et 4	Duroy séduit Mme Walter.	• Duroy se lie avec la femme la plus riche et la plus importante de son entourage. • Duroy éprouve de façon ultime son pouvoir de séduction en se faisant aimer d'une femme fidèle et croyante.
5 et 6	Duroy s'enrichit grâce à Mme Walter et à Madeleine.	• Duroy n'est plus seulement un journaliste dont il faut tenir compte, mais il est aussi un homme riche.
7	Duroy séduit Suzanne Walter et obtient une promesse de mariage.	• Duroy place ses pions : le mariage avec un des meilleurs partis de Paris devient possible.
8	Duroy surprend, en flagrant délit d'adultère, sa femme et le ministre Laroche-Mathieu.	• Duroy peut désormais obtenir le divorce. Son mariage avec Suzanne devient possible. • Duroy devient tellement puissant et habile qu'il parvient à faire tomber un important ministre.
9	Duroy enlève Suzanne.	• Duroy s'assure de se marier avec Suzanne, malgré l'opposition ferme des parents de la jeune fille.
10	Duroy épouse Suzanne.	• Le mariage de Duroy lui procure puissance, fortune, réputation enviable et carrière politique brillante. Duroy obtient tout ce dont il rêvait.

épouse jolie et intelligente. Lorsque la première partie se termine, Duroy a littéralement l'occasion de devenir Forestier : il occupera son emploi, il épousera sa femme et utilisera Madeleine pour écrire des articles semblables à ceux que signait son prédécesseur. Duroy aurait donc de quoi être satisfait. Mais il n'a pas les faiblesses de Forestier. Il est en meilleure santé, sa dépendance envers Madeleine diminue puisqu'il a appris de lui-même à être journaliste, ses ambitions sont plus grandes, son pouvoir de séduction nettement plus ravageur. Le sommet atteint par Forestier ne constitue qu'un palier pour Duroy, qui se prépare à monter encore plus haut. Son ascension sera encore plus fulgurante dans la seconde partie.

La réussite de Duroy est telle qu'elle ressemble presque à un conte de fées. « Il épousait la fille d'un banquier ou d'un grand seigneur rencontrée dans la rue et conquise à première vue », rêve Duroy au début du roman. À quelques détails près, ce rêve se réalise. Pourtant, on imagine que Duroy devra payer le prix de sa réussite : il a trompé plusieurs femmes, il a calomnié Forestier, il a espionné sa femme et un ministre, il a enlevé une jeune femme, il a battu sa maîtresse, il a dérobé un héritage, il a profité d'une femme amoureuse de lui. Mais, malgré tout, sa réputation est intacte, et son prestige plus grand que jamais : « Lorsqu'il parvint sur le seuil, il aperçut la foule amassée, une foule noire, bruissante, venue là pour lui, pour lui Georges Du Roy. Le peuple de Paris le contemplait et l'enviait. » Cette admiration de la foule contraste avec l'opinion que le lecteur entretient du personnage, connaissant les aspects cachés de sa vie. Le roman fait preuve d'une puissante ironie, hissant cet aventurier sans scrupule au sommet, montrant un personnage qui n'a jamais à rendre compte de ses mauvaises actions. L'ironie suprême se situe à la toute fin du roman, alors que le narrateur laisse entendre que Duroy, marié, trompera à la première occasion sa jeune épouse en retrouvant sa maîtresse préférée, Mme de Marelle. Le triomphe de Duroy est d'autant plus dérangeant qu'il est obtenu sans aucun sacrifice.

Les personnages   Les romanciers réalistes sont de remarquables observateurs. Ils se servent de leur talent pour examiner attentivement leurs semblables afin de donner à leurs personnages des traits saisissants de vérité. La recherche de la vraisemblance les force à offrir une profusion de détails sur le physique, la psychologie et les comportements de leurs personnages. Dans le roman réaliste, le point de vue est tantôt extérieur (rendant compte d'une manière neutre des actions des personnages et des événements), tantôt intérieur (se fondant dans la vision d'un seul personnage), presque toujours distancié, de manière à garder une latitude critique et à donner au lecteur les éléments dont il a besoin pour porter un jugement moral sur un personnage déterminé. Comme les autres composantes de l'histoire, le personnage sert le romancier dans sa remise en question du fonctionnement de la société. Il est donc important de *relever les diverses caractéristiques du personnage, d'observer ce qui motive ses actions, de voir quel type d'individus il représente.*

Dans *Bel-Ami,* les individualités dépeintes sont nombreuses, mais il va de soi que l'analyse doit porter sur le personnage *éponyme,* Georges Duroy, qui est au centre de l'action du début à la fin du roman, qui constitue une véritable force d'attraction, puisque tous les autres personnages gravitent autour de lui.

Maupassant donne très rapidement ses principales caractéristiques. Il est âgé de vingt-sept ans, il se distingue par une beauté virile, confirmée par une attitude poseuse et une moustache qu'il porte fièrement. La virilité de Duroy est de plus renforcée par son passé de sous-officier dans les colonies. Son apparence le distingue des beautés romantiques pâles et délicates, aux traits féminins, que l'on trouve dans les romans de Stendhal et de Balzac. Sur le plan intellectuel, Duroy est reconnu comme étant « un malin, un roublard, un débrouillard », bien qu'il n'ait pas obtenu son baccalauréat, qu'il n'ait pas terminé ses études et qu'il soit un individu peu cultivé. Il est fils de cabaretiers normands, et ses humbles origines, qu'il cherchera plus tard à dissimuler, font de lui un jeune homme sans le sou, venu à Paris pour faire fortune.

En ce qui concerne sa personnalité, on apprend que Duroy est, dès le départ, peu sentimental, froid, calculateur, et même cruel (il participe en Algérie à une escapade meurtrière). Sa qualité la plus innée semble être la séduction qui émane de lui puisque, contrairement à un Don Juan, il n'a pas à être très actif dans ses conquêtes : il plaît aux femmes spontanément, sans être obligé de faire des efforts pour attirer leur attention ou d'adjoindre des discours amoureux à ses moyens de séduction.

Georges Duroy se distingue aussi par son ambition, son désir de faire fortune et de réussir. Cette ambition paraît bien banale dans le Paris du 19e siècle : « Une rapide fortune est le problème que se proposent de résoudre en ce moment cinquante mille jeunes gens qui se trouvent tous dans votre position. Vous êtes une unité de ce nombre-là[13] », dit Vautrin à Rastignac, dans *Le père Goriot.* Il est peu banal de voir que Duroy n'a aucun plan d'attaque, qu'il se contenterait même

---

13. Honoré de BALZAC, *op. cit.,* p. 149.

d'être écuyer dans un manège, ce qui ruinerait, selon Forestier, toutes ses chances de réussite. Le hasard de sa rencontre avec Forestier déterminera son sort. Plus Duroy accumule les réussites, plus il est ambitieux, plus son plan de carrière se dessine enfin clairement.

Bien que les moyens de réaliser ses ambitions soient improvisés, la réussite de Duroy est totale. D'où l'ambiguïté de ce personnage pour le lecteur. Duroy a la séduction d'un gagnant, d'une forte personnalité, et le fait qu'il est le personnage principal du roman lui donne du crédit auprès du lecteur, d'autant plus que, dans la première partie du roman, il ne fait rien de vraiment répréhensible. L'ambiguïté devient totale dans la seconde partie du roman : devant la corruption évidente du personnage, le lecteur peut éprouver un malaise et se demander s'il doit espérer l'échec ou la réussite de Duroy.

Georges Duroy incarne à merveille la figure de l'*arriviste*. Les trois caractéristiques suivantes peuvent être associées à ce type d'individu. .

- Pour l'arriviste, la fin justifie les moyens. Aucun remords ni remise en question ne viennent entraver son parcours. Sa réussite est **amorale.** Ainsi, l'arriviste ne craint pas d'utiliser les gens, sans considération morale, dans le seul but de servir ses objectifs.
- Le succès de l'arriviste n'est pas lié à des compétences ou à un talent particuliers. L'arriviste se distingue plutôt par son audace et par sa capacité de manipuler les gens.
- Le succès de l'arriviste ne sert à rien et ne profite qu'à l'arriviste lui-même. Il ne repose sur aucune conviction ou passion. L'arriviste s'oppose ainsi radicalement au héros romantique, qui se sacrifie pour l'humanité.

Ce portrait convient on ne peut mieux à Georges Duroy. Sa réussite est un indiscutable triomphe de l'audace sur l'intelligence. À aucun moment du roman Duroy ne semble être aux prises avec le regret ou le remords. Tous les coups lui sont permis pour réussir, qu'ils soient faits aux dépens des hommes ou des femmes. Duroy est remarquable par son absence de passion : il n'aime vraiment aucune des femmes qu'il séduit, il n'a aucune passion qui l'enthousiasme réellement, il ne s'intéresse en rien au domaine culturel. Sa réussite demeure son seul champ d'intérêt. Duroy est, en fait, un homme sans conviction et sans qualité. C'est ce qui rend ses succès encore plus insupportables.

Il va de soi que le roman *Bel-Ami* est une critique sévère de l'arrivisme. Cette thématique de l'arrivisme rend *Bel-Ami* particulièrement actuel, alors qu'aujourd'hui encore la lutte pour trouver un emploi est féroce, que le métier de politicien est bien souvent, et à juste titre, discrédité, que des intérêts particuliers priment le bien collectif. Il semble donc tout aussi pertinent qu'à l'époque de Maupassant d'observer avec lucidité les mécanismes de l'arrivisme.

Extrait de *Bel-Ami*[14]

Guy de Maupassant

On serra les mains des Forestier ; et Duroy se trouva seul avec Mme de Marelle dans un fiacre qui roulait.

Il la sentait contre lui, si près, enfermée avec lui dans cette boîte noire, qu'éclairaient brusquement, pendant un instant, les
5 becs de gaz des trottoirs. Il sentait à travers sa manche, la chaleur de son épaule, et il ne trouvait rien à lui dire, absolument rien, ayant l'esprit paralysé par le désir impérieux de la saisir dans ses bras. « Si j'osais, que ferait-elle ? » pensait-il. Et le souvenir de toutes les polissonneries chuchotées pendant le dîner
10 l'enhardissait, mais la peur du scandale le retenait en même temps.

Elle ne disait rien non plus, immobile, enfoncée en son coin. Il eût pensé qu'elle dormait s'il n'avait vu briller ses yeux chaque fois qu'un rayon de lumière pénétrait dans la voiture.

« Que pensait-elle ? » Il sentait bien qu'il ne fallait point parler,
15 qu'un mot, un seul mot, rompant le silence, emporterait ses chances ; mais l'audace lui manquait, l'audace de l'action brusque et brutale.

Tout à coup il sentit remuer son pied. Elle avait fait un mouvement, un mouvement sec, nerveux, d'impatience ou d'appel peut-
20 être. Ce geste, presque insensible, lui fit courir, de la tête aux pieds, un grand frisson sur la peau, et, se tournant vivement, il se jeta sur elle, cherchant la bouche avec ses lèvres et la chair nue avec ses mains.

Elle jeta un cri, un petit cri, voulut se dresser, se débattre, le
25 repousser, puis elle céda, comme si la force lui eût manqué pour résister plus longtemps.

Mais la voiture s'étant arrêtée bientôt devant la maison qu'elle habitait, Duroy, surpris, n'eut point à chercher des paroles passionnées pour la remercier, la bénir et lui exprimer son amour
30 reconnaissant. Cependant elle ne se levait pas, elle ne remuait point, étourdie par ce qui venait de se passer. Alors il craignit que

---

14. Guy de MAUPASSANT, *Bel-Ami, op. cit.*, p. 116-117.

le cocher n'eût des doutes, et il descendit le premier pour tendre la main à la jeune femme.

Elle sortit enfin du fiacre en trébuchant et sans prononcer une
35 parole. Il sonna, et, comme la porte s'ouvrait, il demanda en tremblant :
— Quand vous reverrai-je ?

Elle murmura si bas qu'il entendit à peine : — Venez déjeuner avec moi demain. — Et elle disparut dans l'ombre du vestibule en repoussant le lourd battant qui fit un bruit de coup de canon.
40 Il donna cent sous au cocher et se mit à marcher devant lui, d'un pas rapide et triomphant, le cœur débordant de joie.

Il en tenait une, enfin, une femme mariée ! une femme du monde ! du vrai monde ! du monde parisien ! Comme ça avait été facile et inattendu ! ■

Le symbolisme
Définir le symbolisme

Le terme symboliste désigne deux périodes distinctes, mais connexes, de l'histoire littéraire. Traditionnellement, le symbolisme est un large courant d'idéalisme poétique qui va de 1857 — année de publication des *Fleurs du mal* de Baudelaire, le grand précurseur — à la toute fin du siècle. Cette mouvance poétique comprend les œuvres de Paul Verlaine, d'Arthur Rimbaud et de Stéphane Mallarmé, c'est-à-dire celles des plus grands poètes français de la seconde moitié du 19e siècle. Or, ces grands poètes ne se sont jamais définis comme symbolistes. Ce n'est qu'en 1886 que Jean Moréas proclame, par un manifeste, la naissance d'une nouvelle école littéraire appelée symbolisme, avec sa doctrine et ses adeptes. Toutefois, ceux-ci n'auront jamais la renommée et le rayonnement des modèles nommés ci-dessus.

Qu'il désigne une vaste tendance ou une école strictement délimitée, le symbolisme renvoie cependant à une vision du monde commune qui marque toute la poésie de l'époque.

Si les romanciers de la seconde moitié du 19e siècle s'attachent à décrire la réalité sociale et son emprise sur les hommes, les poètes refusent, pour leur part, toute compromission avec le réel et la raison. Dégoûtés des laideurs, de la médiocrité et de l'uniformisation de l'âge industriel et bourgeois, rejetant le réalisme plat du positivisme et du *rationalisme,* les poètes cherchent à montrer que la vérité ne siège pas dans la seule matière. En quête d'un infini sacré ou profane dans une société qui ne croit plus qu'aux choses finies, les poètes se font symbolistes pour révéler le mystère toujours renouvelé du monde et de l'existence.

Alors que la raison triomphante affirme qu'une chose n'est qu'elle-même dans son *immanence,* les poètes symbolistes disent plutôt que cette chose existe par-delà elle-même, qu'elle est le signe d'une autre chose, qu'elle est un symbole dans un jeu de correspondances infinies où miroite le secret de l'univers et de l'âme humaine. Contre le positivisme et sa conceptualisation du monde en catégories claires et strictement définies, les symbolistes privilégient le subtil, l'ambivalence et l'ineffable. Il n'y a pas que le jour et la nuit ; il y a toutes les variations de l'aube et du crépuscule, les nuances infinitésimales de l'heure vespérale (fin d'après-midi). Il n'y a pas que l'amour et la haine ; il y a toutes les confusions du sentiment vrai et profond. Il n'y a pas que le sens défini des mots ; il y a toutes les gammes de leur petite musique étrange et pénétrante. Les symbolistes montrent donc que la raison est grossière, et que l'art est subtil. Pour les symbolistes, la vérité ne réside ni dans les choses ni dans la raison, mais bien dans le jeu infini des symboles où se projettent l'âme et les sens du poète.

Les poètes symbolistes n'en ont pas seulement contre le rationalisme, mais aussi contre le conformisme bourgeois. Refusant le culte du travail et de l'efficacité du capitalisme, ils promeuvent la vie de bohème et l'oisiveté créatrice. Dandys ou artistes maudits, *hirsutes* ou *zutistes,* ils fréquentent les cabarets où, s'enivrant d'*absinthe* et s'égarant dans d'autres paradis artificiels, ils cherchent à étonner par leur singularité radicale, par leur ironie désespérée ou par leurs idées mystiques ou anarchistes. Se riant du faux bon goût des classes dominantes, les poètes symbolistes traquent la beauté du bizarre, le rare et le raffiné, toutes les marques de la différence la plus affirmée. Et surtout, contre le puritanisme bourgeois, ils ne cessent d'affirmer leur sensualisme, leur quête incessante de sensations neuves et singulières.

Par le portrait de son héros, Des Esseintes, dans le roman *À rebours* (1884), Joris-Karl Huysmans décrit avec pittoresque l'homme symboliste, ses passions et ses façons d'être. Dégoûté des « mœurs américaines de son temps » et « être délicat des plus raffinés », Floressas Des Esseintes cherche à se créer une nouvelle vie en rejetant les idées reçues. Sa maison-cabine a des murs couverts de maroquin, comme celui qu'on utilise pour relier les livres : l'habitation devient poème ! Cette maison est éclairée par un hublot et garnie de cartes, de boussoles et de sextants : l'appel de l'exotisme est constant et on se sent déjà en voyage. Même l'eau de la baignoire y est salée. Dans le cabinet de toilette sont disposées sur des rayons d'ivoire des bouteilles de parfum de toute grandeur, dont les émanations composent une symphonie d'odeurs. Cette sensualité se retrouve aussi dans une collection de barils à liqueurs que Des Esseintes appelle son « orgue à bouche ».

Le héros symboliste de Huysmans est, de plus, un lecteur infatigable. Ses auteurs favoris proposent d'exquises névroses dans un monde de décadence et opposent le plus souverain mépris à la sottise environnante, c'est-à-dire au public incapable de les comprendre. D'ailleurs, ce roman se termine sur un cri de révolte proféré par son héros : « Eh ! croule donc, société ! meurs donc, vieux monde ! »

Marginalisés par une société qui ne croit plus au prestige de la poésie, les poètes de l'époque symboliste retournent ce rejet contre la société elle-même. S'ils sont maudits par cette société, le déshonneur devient pour eux un signe d'élection. D'ailleurs, leur poésie n'a plus de fonction sociale ou morale : elle devient la quête solitaire et souvent mystique, par-delà le bien et le mal, d'une langue inouïe et d'un monde autre.

Si les poètes symbolistes, qui s'opposent aux auteurs réalistes, prolongent la révolution romantique contre le classicisme, ils en changent, par contre, plusieurs données. Par exemple, la poésie symboliste remplace la sentimentalité romantique par l'exploration des sensualités les plus fines. Elle accentue le culte des images par une sensibilité plus musicale — *Richard Wagner* est un véritable dieu pour les descendants de Baudelaire. De plus, le moi romantique rencontre maintenant son altérité, son étrangeté : « je est un autre », dit Rimbaud ; Mallarmé parle de « disparition élocutoire du poète » ; Baudelaire, avant eux, évoque « la vaporisation du moi » ou son ambivalence (« l'homoduplex »). L'époque des « poètes-mages de la nation » disparaît ; débute alors l'ère des « horribles travailleurs » (Rimbaud), des poètes-artistes absolus cherchant une impossible issue en dehors du monde pour en révéler enfin le plus profond secret.

La poésie symboliste est caractérisée par une vision du monde commune aux auteurs qui lui sont associés, malgré la diversité de leurs œuvres, et par une expression formelle qui lui est propre. Au symbolisme sont associées les caractéristiques suivantes :

- **Refusant le rationalisme et le matérialisme ambiants, les symbolistes veulent renouer avec le mystère de vivre et de sentir.**

  La poésie devient donc la langue propre et fondamentale de ce mystère. « La poésie est l'expression, par le langage humain ramené à son rythme essentiel, du sens mystérieux des aspects de l'existence[15] », affirme Stéphane Mallarmé. Le poème symboliste est toujours ouvert sur l'inconnu et tente d'exprimer l'inexprimable.

  Contrairement au rôle de l'auteur réaliste, celui du poète symboliste n'est pas de représenter les choses telles qu'elles sont, dans leur monotonie ou leur médiocrité, mais « d'illuminer les choses avec son esprit et d'en projeter le reflet sur les autres esprits[16] » (Baudelaire). Par cette illumination, la poésie donne à voir et à sentir le mystérieux dédoublement du monde, révèle l'invisible derrière le visible, l'inconnu derrière le connu.

- **Le poète symboliste préfère le rare au commun, le rêve au réel, l'ambivalence à l'identité, la nuance infinie à tout ce qui est tranché, la fugacité à la permanence.**

  Au moment même où les peintres impressionnistes défont les cadres de la représentation visuelle traditionnelle pour révéler les mille nuances fugitives des choses, les poètes symbolistes défient les cadres de la raison logique pour imposer un mystère aussi fascinant qu'insoluble.

  Dans le sonnet qui suit, vous constaterez que la résonance intime l'emporte sur une éloquence trop raisonneuse. Paul Verlaine offre un exemple particulièrement signifiant du mystère symboliste. Dans une atmosphère de « rêve étrange », le poète dépeint une femme paradoxale que la logique ne permet pas de comprendre. Cette femme est essentiellement insaisissable : sans identité fixe, elle n'est jamais la même ni jamais une autre, elle est aussi étrange que familière, inconnue et intime à la fois, sans corps visible, vivante autant que morte. Elle reste presque sans nom, sans regard ou sans voix. Pourtant, sa présence est pénétrante, comme celle d'une obsession vague, d'une musique, d'un parfum. Par-delà la matière et la logique, un mystère apparaît furtivement dans la musique suggestive de quelques vers.

---

15. Stéphane MALLARMÉ, « Réponses à des enquêtes », *Divagations,* Paris, Gallimard, 1976, p. 392. (Collection Poésie)

16. Charles Baudelaire cité dans Pascal PIA, *Baudelaire par lui-même,* Paris, Éditions du Seuil, 1975, p. 102. (Collection Écrivains de toujours)

Mon rêve familier [17]

Paul Verlaine

Je fais souvent ce rêve étrange et pénétrant
D'une femme inconnue, et que j'aime, et qui m'aime,
Et qui n'est, chaque fois, ni tout à fait la même
Ni tout à fait une autre, et m'aime et me comprend.

5 Car elle me comprend, et mon cœur, transparent
Pour elle seule, hélas ! cesse d'être un problème
Pour elle seule, et les moiteurs de mon front blême,
Elle seule les sait rafraîchir, en pleurant.
Est-elle brune, blonde ou rousse ? — Je l'ignore.

10 Son nom ? Je me souviens qu'il est doux et sonore
Comme ceux des aimés que la Vie exila.
Son regard est pareil au regard des statues,
Et, pour sa voix, lointaine, et calme, et grave, elle a
L'inflexion des voix chères qui se sont tues. ▪

Profil de femme avec fleurs, d'Odilon Redon (fusain, 51,3 cm x 37,4 cm, Musée Kröller-Müller, Otterlo). Ce profil à peine esquissé fait penser à la femme évanescente décrite par Verlaine dans *Mon rêve familier.*

17. Paul VERLAINE, *Œuvres poétiques,* Paris, Dunod, 1992, p. 29.

- **Pour le poète symboliste, le mystère ne peut être représenté qu'indirectement, dans une langue autre, celle du symbole.**

Comme le démontre le sonnet de Verlaine, le mystère ne peut être exprimé directement dans un langage simplement descriptif et dénominatif. Dans sa poésie, le symboliste ne cesse d'investir « l'inépuisable fonds de l'universelle analogie » (Baudelaire), le jeu infini des « correspondances » toujours nouvelles entre les choses et entre les mots, toutes les ressources de la métaphore et de la comparaison. En grec ancien, le mot *sumbolon* — ancêtre du mot français « symbole » — signifiait « rapprochement », « rencontre », « carrefour ». Le poète symboliste retrouve ce sens ancien. Pour lui, toutes les choses du monde, même très éloignées, peuvent être rapprochées, peuvent se rencontrer au carrefour de l'imagination, de cette faculté de percevoir les similitudes les plus fines dans l'immense variété du monde. Ainsi, les lamentations des sanglots peuvent être rapprochées du *lamento* des violons dans la représentation de la tristesse à l'automne (Verlaine). L'eau verte peut même correspondre à la chair des pommes sures (Rimbaud). Des oiseaux, tels l'albatros (Baudelaire) ou le cygne (Mallarmé), peuvent même devenir les symboles — les « correspondants » — du poète.

Dans son sonnet *Correspondances,* Baudelaire présente le jeu infini des symboles :

Correspondances [18]

Charles Baudelaire

La Nature est un temple où de vivants piliers
Laissent parfois sortir de confuses paroles :
L'homme y passe à travers des forêts de symboles
Qui l'observent avec des regards familiers.

5 Comme de longs échos qui de loin se confondent
Dans une ténébreuse et profonde unité
Vaste comme la nuit et comme la clarté,
Les parfums, les couleurs et les sons se répondent.
Il est des parfums frais comme des chairs d'enfants,

10 Doux comme les hautbois, verts comme les prairies,
— Et d'autres, corrompus, riches et triomphants,

18. Charles BAUDELAIRE, *Les fleurs du mal,* Paris, Éditions Garnier-Flammarion, 1991, p. 62-63. (Collection Texte intégral)

Ayant l'expansion des choses infinies,
Comme l'ambre, le musc, le benjoin et l'encens,
Qui chantent les transports de l'esprit et des sens. ■

Dans ce sonnet célèbre annonçant toute la doctrine symboliste à venir, Baudelaire décrit la nature, non en ce qu'elle est, mais comme un temple où chaque chose est une image de l'autre monde, où la matière n'existe que pour guider l'homme vers le sens spirituel des choses. Dans ces « forêts de symboles », tous les éléments habituellement distingués par la raison se confondent : la matière rencontre l'esprit, la nuit s'unit à la clarté, les différents canaux sensitifs entrent en communion. Chaque chose trouve son écho dans l'unité retrouvée de l'univers, dans l'extase vertigineuse de cette unité, dans une fusion infinie. Le premier quatrain décrit le jeu des **correspondances verticales,** celles entre la nature terrestre et le monde spirituel. La suite du poème dépeint le jeu des **correspondances horizontales** entre les sens : le sens olfactif (« parfums ») trouve ses correspondances dans le sens tactile (« frais comme des chairs d'enfants »), dans le sens auditif (« doux comme les hautbois ») et dans le sens visuel (« verts comme les prairies »). Ces correspondances sensibles portent le nom de *synesthésies.* Ce procédé est l'un des plus fondamentaux et des plus courants de la poésie évocatoire des symbolistes. Ainsi, le symbole comme correspondance transporte le lecteur d'un monde à un autre, d'un sens à un autre, selon le jeu sans fin du simple mot « comme ». Si les choses en elles-mêmes sont en nombre fini, leurs rapports sont infinis. Ce sont ces rapports — ces correspondances, ces symboles — qui font voir le monde sous un angle toujours étonnant et nouveau.

- **La vision symboliste du monde est caractérisée par l'exploration des sensations.** Le poète romantique s'intéressait au sentiment, c'est-à-dire qu'il nommait et décrivait ce qu'il éprouvait : l'amour, la douleur, la mélancolie. Le poète symboliste, lui, veut transmettre ce qui le touche en deçà de toute dénomination : c'est la sensation qui lui importe. Ce goût de la sensation rejoint l'idée première du mystère, qui est toujours proche de l'inexprimable. Cette idée est, par définition, ce qui ne dure pas ; elle est une émotion essentiellement fugitive. Le poète symboliste est à l'affût des impressions furtives du jeu des sensations, des sons et des couleurs ; il hume jusqu'aux parfums les plus subtils. Par la synesthésie, le poète symboliste tente même de créer de nouvelles sensations. Arthur Rimbaud parlera « d'arriver à l'inconnu par le dérèglement de tous les sens[19] ».

- **Pour exprimer ces sensations mystérieuses, les poètes symbolistes voudront faire entendre la musique de leurs vers, leur aspect purement sonore et sensible.** Pour eux, le son des mots devient tout aussi important que leur sens. « De la musique avant toute chose », écrira même Paul Verlaine dans son *Art poétique*.

Extrait de *Art poétique*[20]

Paul Verlaine

De la musique encore et toujours !
Que ton vers soit la chose envolée
Qu'on sent qui fuit d'une âme en allée
Vers d'autres cieux à d'autres amours.

5 Que ton vers soit la bonne aventure
Éparse au vent crispé du matin
Qui va fleurant la menthe et le thym...
Et tout le reste est littérature. ■

Par l'utilisation de formes poétiques anciennes tels le *sonnet* et le *rondel* — formes brèves et très musicales —, par le jeu serré des *assonances,* des *allitérations* et des rimes internes, par les répétitions en début de vers (anaphores), et même par le vers impair, la poésie symboliste veut créer une musique nouvelle, veut faire entendre un rythme inédit dans la poésie. C'est cette « musique dans les lettres » (Mallarmé) qui serait seule capable d'exprimer l'évanescence des choses (« la chose envolée ») et la fugacité de l'impression sensible (« qui va fleurant la menthe et le thym »). Sans cette musicalité suggestive, le poème risque de souffrir des lourdeurs de la mauvaise littérature, de sa fausse éloquence ou de son plat réalisme.

- **Les poètes symbolistes préfèrent l'expression suggestive et allusive à la description et à la dénomination.**
  Le poète symboliste Stéphane Mallarmé affirme qu'un poème ne doit pas chercher à nommer ni à expliquer, mais à suggérer. Toutefois, « nommer un objet, c'est supprimer les trois quarts de

---

19. Arthur RIMBAUD, « Lettre du " voyant " à Georges Izambard », *Poésies,* Paris, Gallimard, 1973, p. 200. (Collection Poésie)
20. Paul VERLAINE, *op. cit.,* p. 262.

la jouissance du poème qui est faite du bonheur de deviner peu à peu. Le suggérer, voilà le rêve[21]. » Cette expression poétique suggestive et allusive est bien mise en œuvre dans le poème suivant d'Arthur Rimbaud. Dans ce sonnet, Rimbaud ne nomme ni n'explique son objet : la mort. La mort du jeune soldat n'est clairement affirmée que dans le vers de chute. Ainsi, lire ce poème, c'est deviner peu à peu la mort qu'il cache. Ce jeu est produit par toute une stratégie du langage allusif : le rejet et l'enjambement, l'euphémisme, la litote, l'opposition sémantique.

Le dormeur du val[22] (1870)

Arthur Rimbaud

C'est un trou de verdure où chante une rivière
Accrochant follement aux herbes des haillons
D'argent, où le soleil, de la montagne fière,
Luit ; c'est un petit val qui mousse de rayons.

5 Un soldat jeune, bouche ouverte, tête nue
Et la nuque baignant dans le frais cresson bleu,
Dort ; il est étendu dans l'herbe, sous la nue,
Pâle dans son lit vert où la lumière pleut.

Les pieds dans les glaïeuls, il dort. Souriant comme
10 Sourirait un enfant malade, il fait un somme.
Nature, berce-le chaudement : il a froid.

Les parfums ne font pas frissonner sa narine ;
Il dort dans le soleil, la main sur sa poitrine,
Tranquille. Il a deux trous rouges au côté droit. ■

- **La dernière caractéristique de l'expression poétique symboliste est la libération progressive du vers.**
  Historiquement, c'est à l'époque symboliste que la versification et la métrique traditionnelles de la poésie éclatent. La régularité coutumière du vers français est déconstruite par l'utilisation du vers impair, par des rejets et des enjambements de plus en plus

21. Guy MICHAUD, *Message poétique du symbolisme,* Paris, Librairie A.G.Nizet, 1947, Tome 2, p. 409.
22. Robert SABATIER, *La poésie du 19ᵉ siècle. 2. Naissance de la poésie moderne.* Paris, Albin-Michel, 1977, p. 245-246.

Tableau 5 Le symbolisme en bref

- S'insurgeant contre le rationalisme, les symbolistes veulent montrer l'existence sous son aspect mystérieux. Pour ce faire, ils privilégient la nuance, l'imprécision calculée, le rare, le rêve, l'ambivalence et le fugace.

- Ce mystère de l'existence est indirectement exprimé par l'utilisation du symbole, c'est-à-dire par l'imagination analogique qui perçoit les ressemblances les plus subtiles entre les choses.

- Alors que le poète romantique exprimait ses sentiments, le poète symboliste, lui, explore le monde des sensations et cherche même à inventer de nouvelles impressions sensibles.

- Pour évoquer ces sensations, le poète symboliste met en relief la musicalité des mots et des vers. Pour lui, l'aspect sonore d'un poème est aussi important que son sens.

- Le poète symboliste préfère le langage de la suggestion et de l'allusion à celui de la description et de la dénomination. Un poème symboliste cache autant qu'il dévoile.

- La poésie symboliste libère le vers.

fréquents, par des rimes de plus en plus étonnantes ou approximatives, par le non-respect de la ***césure,*** voire par l'absence même de ponctuation. Les symbolistes pratiquent aussi le poème en prose, c'est-à-dire le poème libéré de toute métrique et du découpage des vers, mais plein d'images et de rythmes singuliers. Après la révolution symboliste, le vers français sera libre, c'est-à-dire sans cadre formel fixé a priori.

Les auteurs symbolistes

Entre romantisme et symbolisme : le Parnasse

Le passage de la sentimentalité romantique de la première moitié du 19e siècle à l'idéalisme des symbolistes inclut une époque transitoire : celle des poètes parnassiens. Le Parnasse — nommé d'après la montagne consacrée à Pan et aux Muses dans l'Antiquité — est une brève mouvance poétique qui apparaît en 1860, bien que ses prémices remontent à plus tôt. Ses instigateurs — tels Théophile Gautier et Leconte de Lisle — sont des romantiques déçus qui veulent renouveler la poésie, enlisée dans un sentimentalisme de plus en plus faux. Ils proposent un retour à l'impersonnalité de la perfection formelle et pratiquent un véritable culte de l'art pour l'art. Prônant l'union de la beauté éternelle et de la science moderne, ils allient la précision descriptive à la préciosité de la langue et du vers.

Prenant souvent pour objet le monde des civilisations anciennes et disparues, leur discours flotte dans une tonalité surannée ou hors du temps. C'est ce manque d'actualité, de contemporanéité, qui empêche cette mouvance parnassienne de se prolonger. Cependant, les poètes du Parnasse réussissent à imposer à la poésie de nouvelles exigences artistiques.

La révolution baudelairienne

Charles Baudelaire (1821-1867) est tenté par le culte parnassien de la beauté pure : la rigueur formelle de ses poèmes en témoigne. Cependant, son œuvre dépasse rapidement le goût de l'art pour l'art et devient la pierre angulaire de toute la poésie française du 19e siècle et le véritable phare annonçant la poésie symboliste. Poète utilisant le vers comme la prose, critique d'art clairvoyant, traducteur inspiré, rêveur « surnaturaliste » et penseur d'une lucidité rare, Baudelaire transforme radicalement l'idée et la pratique de la poésie en plein milieu du siècle. Avec lui, la poésie aspire soudain à l'absolu de l'Idéal le plus élevé, au sensualisme le plus profond, comme elle témoigne du mal le plus inavouable. Usant d'une fine et savante magie évocatoire, sa poésie exprime les écartèlements de l'existence humaine. Poète de l'« homo-duplex » (l'homme double), de la double allégeance à Dieu et à Satan, Baudelaire incarne aussi bien l'extase de la vie que le fort dégoût qu'elle peut inspirer.

Charles Baudelaire (Bibliothèque nationale de France, Paris)

Cette dualité existentielle, exprimée par la dissonance et l'harmonie, par le spleen — mélancolie et dégoût de tout — et l'idéal, annonce déjà, dans son irrésolution, la modernité littéraire. L'attrait de Baudelaire pour le transitoire et le fugitif, ses visions d'une beauté essentiellement insolite, sa création d'images aussi sensuelles que nouvelles, son individualisme de dandy refusant tout conformisme social, son culte aussi immense que désespéré de l'art, toutes ces nouveautés littéraires font de lui le grand initiateur de la poésie symboliste. D'ailleurs, c'est Baudelaire lui-même qui remet à l'ordre du jour de la poésie les préoccupations sur le symbole, par sa célèbre théorie des correspondances.

« Vrai dieu » pour Arthur Rimbaud, modèle à pasticher pour Verlaine et Mallarmé, Baudelaire pose les assises du symbolisme avec son recueil de poèmes *Les fleurs du mal* (1857) et ses poésies en prose du *Spleen de Paris* (1869). En extrayant la beauté du mal, Baudelaire, dans la première œuvre, change la vision traditionnelle du poète et l'oblige à explorer des sujets nouveaux, aussi sublimes que morbides. Par sa révolution formelle, la seconde œuvre annonce une nouvelle expression poétique, moins régulière et plus individuelle. Les poètes symbolistes ne cesseront de creuser ces deux leçons de poésie.

Paul Verlaine

À la fois petit fonctionnaire et poète maudit, ivrogne colérique et cœur tendre, capable aussi bien d'escapades homosexuelles que d'humbles mouvements de piété, Paul Verlaine (1844-1896) est fidèle jusqu'à l'extrême à l'ambivalence baudelairienne. Sa poésie se démarque avant tout par sa facilité savante, par ses sonorités aussi douces que profondes, par sa sensualité fine et en demi-teintes. Verlaine n'a rien de l'intellectualisme d'un Baudelaire ou d'un Mallarmé : ses poèmes ne sont que musicalité suggestive, que légèreté, dans l'euphorie comme dans la souffrance.

Paul Verlaine, par Eugène Carrière
(huile sur toile, Musée d'Orsay, Paris)

Le premier recueil de Verlaine, *Poèmes saturniens* (1866), encore teinté d'influences baudelairiennes, laisse entrevoir les deux grandes facettes de son style poétique propre : le raffinement imaginaire et musical de l'expression et l'aspiration à la simplicité la plus sincère du cœur. On retrouve ce raffinement dans *Les fêtes galantes* (1869) et cette simplicité exquise dans *La bonne chanson* (1870). Mais ce sont les poèmes des *Romances sans paroles* (1874) qui représentent de la manière la plus exemplaire qui soit le ton poétique singulier de Verlaine.

Green[23]

Paul Verlaine

Voici des fruits, des fleurs, des feuilles et des branches,
Et puis voici mon cœur, qui ne bat que pour vous.
Ne le déchirez pas avec vos deux mains blanches
Et qu'à vos yeux si beaux l'humble présent soit doux.

5 J'arrive tout couvert encore de rosée
Que le vent du matin vient glacer à mon front.
Souffrez que ma fatigue, à vos pieds reposée,
Rêve des chers instants qui la délasseront.

Sur votre jeune sein laissez rouler ma tête
10 Toute sonore encor de vos derniers baisers ;
Laissez-la s'apaiser de la bonne tempête,
Et que je dorme un peu puisque vous reposez.

Dès le titre anglais du poème — Verlaine a séjourné à Londres avec Arthur Rimbaud —, l'aspect sensible s'impose. Aucune idée abstraite ici, que l'impression d'une couleur qui vient « correspondre » à un moment de délicatesse amoureuse. La fine ***gradation descendante*** du vers initial, qui va des « fruits » les plus beaux aux « branches » les plus modestes, suggère avec discrétion l'humilité de l'offrande amoureuse de ce « cœur », qui ne survient qu'au terme de cette énumération en decrescendo. Cette évocation allusive, proprement symboliste, est le contraire même de l'hyperbole passionnée des romantiques. Ici, la scène amoureuse dépeinte est toute en nuances, en délicatesse, en discrétion. Verlaine évoque l'amour par son rêve ou son apaisement, non par sa passion.

Cette délicatesse amoureuse est aussi présente dans la musicalité des trois quatrains d'alexandrins. Cette musicalité est perceptible dans la fluidité des rimes croisées et dans la régularité métrique. Elle se fait douce et pénétrante dans les vers, à l'intérieur desquels se trouvent des répétitions sonores : allitérations du « f » et du « r », assonances du « i », rimes internes (« fleurs » et « cœur » à l'*hémistiche*), balancements syntaxiques, etc. Tout ici est notation et composition musicales, aussi serrées qu'efficaces, aussi présentes que fluides. Paul Verlaine est le virtuose du vers musical symboliste.

Parallèlement à ces moments de tendresse amoureuse, Verlaine connaît aussi des situations moins heureuses. Amant d'Arthur

---

23. Paul VERLAINE, *op. cit.*, p. 162.

Rimbaud, « Satan adolescent » dix ans plus jeune que lui, incapable d'accepter une rupture inévitable, il blesse de deux coups de revolver son compagnon de bohème et est emprisonné. Viennent ensuite les poèmes de *Sagesse* (1881) et de *Jadis et naguère* (1884), qui témoignent de sa quête d'une paix spirituelle aussi bien religieuse que proprement poétique.

Arthur Rimbaud

« Éclat, lui, d'un météore, allumé sans motif autre que sa présence, issu seul et s'éteignant[24] ». C'est par ces mots que Stéphane Mallarmé décrit la trajectoire poétique fulgurante d'Arthur Rimbaud (1854-1891). Commençant à écrire ses premiers poèmes à l'âge de seize ans et mettant un terme définitif à son œuvre à l'âge de vingt et un ans, Rimbaud n'aura pris qu'un temps très court — celui de son adolescence — pour composer une œuvre fondamentale dans le paysage de la poésie française. Enfant fugueur, en rébellion contre sa famille et la société, Rimbaud fait de la poésie une « parade sauvage » d'images de plus en plus hallucinées et de « bruits neufs » qui en appellent à la vie la plus intense, une vie toujours « ailleurs ». Pour lui, la poésie est beaucoup plus qu'une activité artistique. Il s'agit d'une quête, aussi mystique que païenne, celle du « voyant » : « le poète doit se faire voyant par un long, immense et raisonné dérèglement de tous les sens ». Désirant rompre à tout prix avec « la vieillerie poétique », le poète voyant est constamment à la recherche de sensations nouvelles et d'un langage apte à les exprimer. Il doit transgresser toutes les limites. Il doit boire, élixirs ou poisons, à toutes les sources et tenter toutes les expériences existentielles ou

Arthur Rimbaud

24. Stéphane MALLARMÉ, *Divagations,* op. cit., p. 122.

expressives. La vulgarité comme le sublime, les « peintures idiotes » comme les images mystiques, tout peut devenir l'occasion d'un vertige ouvrant sur l'inconnu, sur une vie autre.

Radicalisant les correspondances et les synesthésies baudelairiennes, Rimbaud ne veut pas représenter, mais créer de nouvelles sensations, rendre sensible même l'invisible. Ainsi, dans son célèbre sonnet des *Voyelles,* il invente des couleurs et des sensations avec les simples sons vocaliques de la langue française.

Voyelles[25]

Arthur Rimbaud

A noir, E blanc, I rouge, U vert, O bleu : voyelles,
Je dirai quelque jour vos naissances latentes :
A, noir corset velu des mouches éclatantes
Qui bombinent autour des puanteurs cruelles,

5 Golfes d'ombres ; E, candeurs des vapeurs et des tentes,
Lances des glaciers fiers, rois blancs, frissons d'ombelles ;
I, poupres, sang craché, rire des lèvres belles
Dans la colère ou les ivresses pénitentes ;

U, cycles, vibrements divins des mers virides,
10 Paix des pâtis semés d'animaux, paix des rides
Que l'alchimie imprime aux grands fronts studieux ;

O, suprême Clairon plein de strideurs étranges,
Silences traversés des Mondes et des Anges ;
— O l'Oméga, rayon violet de Ses yeux ! ■

Dans ce sonnet de « voyance », le simple son « a » se teinte visuellement de noir, d'animalité et de sexualité, correspond au parfum le plus cru et conjugue les éléments de l'eau et de la lumière. Avec ses images d'innocence, de fierté, de blancheur froide, le « e » devient l'antithèse du « a ». Le « i », avec son rouge criant — à la fois rire et sang —, oriente les sensations vers l'ivresse, avant qu'elles ne s'apaisent dans les rythmes du « u », reproduisant graphiquement les vagues et les rides. Finalement, le « o » conjugue mystiquement la stridence et le silence jusqu'à l'absolu d'un œil divin. Tout comme il crée de nouveaux mots (« bombinent », « strideurs »),

---

25. André LAGARDE et Laurent MICHARD, *XIXᵉ siècle,* Paris, Bordas, 1960, p. 521.

ce sonnet invente des images sensibles inédites avec les sons les plus simples de la langue française : il est littéralement cet « opéra fabuleux » dont rêve son auteur.

Après ses premières poésies, Rimbaud écrit un journal poétique, *Une saison en enfer* (1873), où il expose l'histoire intime et esthétique de sa « folie » poétique, mélangeant le vers et la prose. Bien que cette œuvre se termine sur un constat d'impuissance — « [...] moi qui me suis dit mage ou ange, je suis rendu au sol, avec un devoir à chercher et la vérité rugueuse à étreindre[26] ! » —, Rimbaud récidive en écrivant les *Illuminations* (1875[27]), d'étranges proses poétiques qui se situent à la limite d'une compréhension possible. Après cette œuvre, Rimbaud cesse définitivement d'écrire de la poésie. Allant d'aventures en affaires commerciales, le poète passera les quinze dernières années de sa vie à parcourir le monde, se rendant jusqu'au cœur de l'Abyssinie.

Stéphane Mallarmé

Stéphane Mallarmé (1842-1898) est certainement le poète symboliste à l'idéalisme poétique le plus élevé. Se dévouant totalement à l'écriture, dans une sorte de sacerdoce à la discipline intransigeante, il crée une poésie concentrée, compliquée, aussi fascinante qu'hermétique, comme si elle ne s'adressait qu'à de rares initiés.

Mallarmé est obsédé par l'idée pure d'une beauté inaccessible. Comme le philosophe allemand *Freidrich Hegel,* il pense que l'esprit absolu ne peut être atteint que par la

Stéphane Mallarmé, estampe de Paul Gauguin (Bibliothèque littéraire J. Doucet)

---

26. Arthur RIMBAUD, « Adieu », *Une saison en enfer,* Paris, Gallimard, 1973, p. 151. (Collection Poésie)
27. Ces textes ne furent publiés que vers 1886.

négation de la matière, que par la néantisation du monde. Le langage est, pour lui, l'instrument de cette néantisation au profit de la plus haute pensée. Ainsi, chez Mallarmé, les mots existent en eux-mêmes, en dehors du monde, et font allusion non pas à la présence des choses, mais à leur absence. « Je dis : une fleur, et [...] musicalement se lève, idée même et suave, l'absente de tous bouquets[28]. » La fleur nommée n'est pas ou n'est plus la fleur réelle : elle devient la musique de son essence spirituelle et sensible, « sa disparition vibratoire ».

Après des premiers poèmes marqués par l'influence baudelairienne, l'œuvre de Mallarmé est de plus en plus hantée par l'absence, le vide, le rien, témoignant du passage de l'Idée dans un pur langage. Son fameux *Sonnet en ixe* met en scène cette cérémonie poétique du vide « souverain » :

Sonnet en ixe[29]

Stéphane Mallarmé

Ses purs ongles très haut dédiant leur onyx,
L'Angoisse, ce minuit, soutient, lampadophore,
Maint rêve vespéral brûlé par le Phénix
Que ne recueille pas de cinéraire amphore

5 Sur les crédences, au salon vide : nul ptyx,
Aboli bibelot d'inanité sonore,
(Car le Maître est allé puiser des pleurs au Styx
Avec ce seul objet dont le Néant s'honore.)

Mais proche la croisée au nord vacante, un or
10 Agonise selon peut-être le décor
Des licornes ruant du feu contre une nixe,

Elle, défunte nue en le miroir, encor
Que, dans l'oubli fermé par le cadre, se fixe
De scintillations sitôt le septuor. ▪

La première lecture de ce sonnet constitue une expérience étonnante. Le sens du texte ne cesse de s'estomper dans des mots rares et dans une syntaxe inusitée où abondent inversions et incises. De plus, les rimes en « ixe » et « or », des plus singulières, donnent une musicalité étrange au poème.

---

28. Stéphane MALLARMÉ, « Crise des vers », *Divagations, op. cit.*, p. 251.
29. Georges-Emmanuel CLANCIER, *La poésie française de Rimbaud au surréalisme*, Paris, Seghers, 1959, p. 96.

Le premier quatrain semble présenter un personnage, l'« Angoisse », mais bientôt celui-ci devient immatériel, disparaît au lieu d'apparaître. Il soutient comme un porte-flambeau (« lampadophore ») un rêve. Mais ce rêve est « vespéral » : il s'évanouit comme la lumière couchante du soir. Ce rêve est même brûlé par un « Phénix », cet oiseau fabuleux qui brûlait et renaissait de ses cendres. Cette apparition-disparition immatérielle ne peut donc être recueillie dans une amphore où on garde les cendres.

Le second quatrain décrit le lieu de cette présence évanescente : un salon vide. Le champ lexical de la négation et du néant est ici très présent : « vide », « nul », « aboli », « inanité », « Néant ». Ce salon vide n'est en fait habité que par le langage. Le « ptyx » n'existe pas dans la réalité ni dans le dictionnaire. Il s'agit d'une pure création sonore, d'un pur signifiant vidé de tout sens : un « aboli bibelot » — une beauté néantisée — d'une « inanité sonore » — un pur son sans signification effective. Le Maître (le poète) est allé puiser son inspiration dans un pur langage sonore niant le réel : le langage est bien ici « ce seul objet dont le Néant s'honore ».

Les deux tercets poursuivent cette cérémonie poétique du rien. La fenêtre est « vacante ». La beauté « agonise ». Le feu est jeté contre l'eau (la « nixe » est une fée des eaux). L'Angoisse meurt dans la réflexion d'un miroir d'« oubli ». Ne restent finalement qu'un pur scintillement d'étoiles ou de musique (« septuor »), que le miroitement d'un pur poème montrant la disparition du réel.

On ne peut aller plus loin que Mallarmé dans le rejet de la matière et de la nature, dans la célébration symboliste du mystère. Ce courant poétique doit donc disparaître pour laisser libre cours à de nouvelles façons de concevoir le poème. Mais l'étrange expérience poétique de Stéphane Mallarmé ne cessera de hanter la conscience des poètes du siècle suivant.

Le symbolisme par les textes : l'autoportrait allégorique

Depuis les tout premiers temps de la poésie, le « je » lyrique cherche à se dépeindre, dans ses idées et ses sentiments, par ses propres vers. Le poème est souvent un miroir pour le poète. Comme leurs ancêtres, les poètes symbolistes sont aussi tentés par l'autoportrait.

Mais, chez eux, la représentation du moi ne saurait être directement exprimée par les élans du cœur et de la langue. Fidèles à la théorie des correspondances et de l'évocation allusive, ils se servent d'un symbole allégorique, d'une image identificatoire, pour révéler suggestivement leur être. Ainsi, l'oiseau revient souvent dans la poésie symboliste, incarnant le « correspondant », l'alter ego du poète. Par exemple, Mallarmé retient le cygne dans son imagination projective. D'ailleurs, c'est très souvent l'oiseau aquatique, par sa grandeur et son exotisme, par sa beauté s'exprimant loin des terres, qui fascine les symbolistes qui rêvent toujours de voyages.

Dans le poème suivant, Baudelaire choisit l'albatros comme symbole allégorique du poète.

L'albatros[30]

Charles Baudelaire

Souvent, pour s'amuser, les hommes d'équipage
Prennent des albatros, vastes oiseaux des mers,
Qui suivent, indolents compagnons de voyage,
Le navire glissant sur les gouffres amers.

5 À peine les ont-ils déposés sur les planches,
Que ces rois de l'azur, maladroits et honteux,
Laissent piteusement leurs grandes ailes blanches
Comme des avirons traîner à côté d'eux.

Ce voyageur ailé, comme il est gauche et veule !
10 Lui, naguère si beau, qu'il est comique et laid !
L'un agace son bec avec un brûle-gueule,
L'autre mime, en boitant, l'infirme qui volait !

Le Poète est semblable au prince des nuées
Qui hante la tempête et se rit de l'archer ;
15 Exilé sur le sol au milieu des huées,
Ses ailes de géant l'empêchent de marcher. ■

Dans un sonnet allongé de seize vers alexandrins au lieu de quatorze, Baudelaire établit une correspondance symbolique entre son existence poétique et le sort cruel réservé à un albatros. Les trois

---

30. Charles BAUDELAIRE, *op. cit.,* p. 61.

premiers quatrains — apparentés par un même usage de la rime croisée — décrivent la capture et la torture d'albatros par les hommes d'équipage d'un bateau. Les images descriptives s'enchaînent pour former un contraste entre le grotesque cruel de la dimension terrestre et la noblesse sublime de la dimension céleste. Ce contraste révèle l'ambivalence fondamentale de l'identité des albatros. Alors que dans les airs ces oiseaux sont « vastes » et affichent une superbe indifférence (« indolents »), qu'ils sont les véritables « rois de l'azur » et des êtres de beauté, ils se métamorphosent sur terre en des personnages ridicules et impuissants. Le sublime se transforme en grotesque : les albatros deviennent « maladroits et honteux », le « voyageur ailé » est, au sol, « comique et laid », objet impuissant (« veule ») de moqueries. La cruauté de la métamorphose est fortement soulignée par l'emploi d'une ponctuation expressive (la syncope produite par de nombreuses virgules) et exclamative dans le troisième quatrain.

Le quatrième quatrain se distingue formellement des trois premiers par l'utilisation de rimes suivies au lieu de rimes croisées. Ce changement expressif marque en fait l'apparition du symbole. Ce n'est que dans ce dernier quatrain que s'établit finalement la correspondance symbolique entre l'ambivalence de l'albatros déjà décrite et celle du poète. Comme l'oiseau marin, le poète est divisé par un contraste qui affecte sa personnalité. Alors qu'au sein de son élément poétique il est un prince sublime, il devient un être impuissant et risible dans la réalité de tous les jours. Et ce sont justement ses « ailes de géant » (son imagination poétique) qui l'empêchent de bien s'intégrer dans la réalité terrestre.

Par le symbole de l'albatros, Baudelaire offre donc une image sensible et concrète de la complexité du conflit existentiel qui hante son identité de poète. L'albatros devient le miroir de son être divisé. Pourtant, tout se fait par suggestion et allusion : le poème ne comporte même pas de « je ».

Ce n'est pas un albatros, mais une mouette, qui sert de symbole dans un autoportrait de Paul Verlaine. Emprisonné, Verlaine réfléchit à sa destinée, au tracé fou de sa vie, ponctué de moments d'ivresse et de détresse qui l'ont conduit à l'âge amer. C'est alors le vol d'une mouette qui vient symboliser la course de son esprit mélancolique et inquiet.

Je ne sais pourquoi...[31]

Paul Verlaine

Je ne sais pourquoi
Mon esprit amer
D'une aile inquiète et folle vole sur la mer.
Tout ce qui m'est cher,
D'une aile d'effroi
Mon amour le couve au ras des flots. Pourquoi, pourquoi ?
Mouette à l'essor mélancolique,
Elle suit la vague, ma pensée,
À tous les vents du ciel balancée,
Et biaisant quand la marée oblique,
Mouette à l'essor mélancolique.
Ivre de soleil
Et de liberté,
Un instinct la guide à travers cette immensité.
La brise d'été
Sur le flot vermeil
Doucement la porte en un tiède demi-sommeil.
Parfois si tristement elle crie
Qu'elle alarme au lointain le pilote,
Puis au gré du vent se livre et flotte
Et plonge, et l'aile toute meurtrie
Revole, et puis si tristement crie !
Je ne sais pourquoi
Mon esprit amer
D'une aile inquiète et folle vole sur la mer.
Tout ce qui m'est cher,
D'une aile d'effroi
Mon amour le couve au ras des flots. Pourquoi, pourquoi ?

Alors que, chez Baudelaire, la correspondance symbolique entre l'oiseau et le poète est établie progressivement, l'analogie verlainienne entre la mouette et la pensée du poète est posée dès le départ : il n'y a pas ici de comparaison (du comparant au comparé), mais bien une fusion métaphorique inextricable et immédiate. L'« esprit amer » est symbolisé dans les formes de la mouette avant même que

31. André LAGARDE et Laurent MICHARD, *op. cit.*, p. 515-516.

celle-ci ne soit nommée, comme en témoigne la première strophe. Et, dès qu'elle est nommée, la mouette prend immédiatement les qualités de cet esprit amer : « Mouette à l'essor mélancolique ». Ainsi, le vol inquiet et affolé de la mouette et la course effrayée et nostalgique de l'esprit du poète constituent une seule et même chose. L'incertitude (« Je ne sais pourquoi ») de cet esprit amer, voletant par ses pensées contradictoires entre ivresse et tristesse, entre affolement et demi-sommeil, revenant toujours sur ses interrogations sans réponses, trouve son parfait symbole matériel dans le vol erratique de la mouette. Celle-ci se laisse aller au gré des vents, se laisse porter par la brise enivrante de l'été, mais ne rencontre que la tristesse qui la fait crier, virevolter, plonger et revoler.

Cette correspondance symbolique entre l'esprit du poète et le vol de la mouette n'existe pas que sur le seul plan du contenu descriptif du poème. Elle est aussi perceptible dans la forme expressive des vers, qui imitent rythmiquement le vol de l'oiseau et la course de l'esprit. Verlaine emploie des vers impairs de cinq, neuf et treize syllabes, et des rimes à demi croisées ou embrassées qu'il fait alterner dans un rythme syncopé reproduisant le vol inquiet et fou de la mouette-esprit. Les vers sont allongés ou écourtés, les strophes sont régulières ou irrégulières, suivant ainsi les mouvements du vol de l'oiseau symbolique. Même la répétition du mot « pourquoi » ressemble au cri de détresse de la mouette dont parle le poème. Si la mouette devient ici le miroir de l'âme du poète, le poème peut tout aussi bien être le miroir du vol de la mouette. Ainsi, il n'y a plus ni modèle ni copie, ni représenté ni représentant bien distincts : tout est immédiatement symbolique dans l'art poétique de Paul Verlaine.

Analyse littéraire

Œuvre à l'étude : recueil de poésie
Les fleurs du mal[32], de Charles Baudelaire

Publié en 1857 dans l'indifférence générale — mais sans échapper, dans un Second Empire moralisateur, au regard des censeurs, qui intentent un procès à son auteur —, le recueil poétique *Les*

---

32. Édition retenue : Charles BAUDELAIRE, *Les fleurs du mal,* Paris, Éditions Garnier-Flammarion, 1991, 371 p. (Collection Texte intégral)

fleurs du mal devient progressivement la bible esthétique des poètes symbolistes et une des œuvres fondamentales de la poésie moderne occidentale. Par son art du contraste projetant des images-chocs, par son sensualisme profond, par sa révélation de la face cachée de l'âme humaine, par sa perfection formelle, cette œuvre poétique change à jamais les conditions d'existence et d'exercice de la littérature lyrique. Écrits et récrits sur une période de presque quinze ans, les poèmes des *Fleurs du mal* présentent le travail d'une vie, le livre d'une existence singulière imprégnée de ses misères.

Méthode d'analyse

Lorsqu'on entreprend l'étude d'un recueil symboliste, il est important d'aborder les quatre aspects suivants :
- les traces biographiques ;
- l'unité du propos d'ensemble ;
- la structure du recueil ;
- les formes poétiques et les thèmes du recueil.

La méthode d'analyse qui suit vous permettra de comprendre comment aborder ces quatre aspects. Cette méthode d'analyse est ensuite appliquée à l'œuvre à l'étude, soit *Les fleurs du mal*, de Charles Baudelaire.

Les traces biographiques

En février 1866, quelque temps avant la paralysie qui l'emportera, Baudelaire avoue dans une lettre : « Faut-il vous dire, à vous qui ne l'avez pas plus deviné que les autres, que dans ce livre atroce j'ai mis tout mon cœur, toute ma tendresse, toute ma religion (travestie), toute ma haine ? Il est vrai que j'écrirai le contraire, que je jurerai mes grands dieux que c'est un livre d'art pur, de singerie, de jonglerie, et je mentirai comme un arracheur de dents[33]. » Ces mots témoignent avec éloquence de la présence des expériences personnelles de cet auteur au sein même de ses écrits poétiques. *Chez les poètes symbolistes, le recueil de poésie est souvent le témoignage d'une expérience singulière.* Par exemple, pour Paul Verlaine, le recueil *Sagesse* représente une prise de conscience intense provoquée par son emprisonnement à la suite de sa rupture violente avec Rimbaud. Cet événement biographique influence très fortement le ton et le choix des thèmes de ce recueil.

---

33. Charles Baudelaire cité dans Pascal PIA, *op. cit.*, p. 10.

Cette imprégnation de l'expérience personnelle dans la poésie d'un auteur est aussi importante dans le recueil *Une saison en enfer* de Rimbaud.

Il n'est pas facile d'entreprendre la lecture d'un recueil de poésie. *Une façon intéressante et efficace de mener à bien une lecture initiale consiste à établir un rapport constant entre la vie de l'auteur et les poèmes lus.* Bien sûr, cette lecture biographique n'est pas suffisante pour comprendre vraiment la profondeur d'une œuvre, mais elle permet d'éveiller la curiosité dans un premier parcours du recueil.

Charles Baudelaire naît à Paris en 1821. Son père, âgé de soixante-deux ans, est un prêtre défroqué qui se consacre à l'amour de l'art. Sa mère, âgée de vingt-huit ans, est une femme aussi belle qu'élégante. Provocateur-né, Baudelaire se plaira toute sa vie à dire qu'il est le fils maudit d'un curé, le fruit scandaleux d'une union maléfique.

À l'âge de six ans, Baudelaire devient orphelin de père. Paradoxalement, s'ouvre alors pour lui une époque magique : celle des tendresses « infinies » d'une mère qui est toute à lui. Le veuvage de cette mère se transforme en bonheur pour le jeune garçon puisqu'il comble un désir inconscient. Mais ce bonheur ne dure pas. Dès l'année suivante, la mère de Baudelaire se remarie avec le commandant Aupick, à la grande déception de son fils, qui se sent trahi. Cet épisode œdipien marquera très fortement l'existence et l'œuvre du poète. Sa poésie est remplie d'images évoquant une nostalgie maternelle (lire *La géante* ou *Le balcon*), mais aussi de visions d'une féminité aussi séduisante que traîtresse (lire *Les métamorphoses du vampire*). À partir de ce moment, Baudelaire se sent irrémédiablement damné (lire *Bénédiction*).

Ses années d'études sont celles d'un solitaire, fier de sa singularité et souvent rebelle. Entreprenant avec peu de conviction des études de droit, Baudelaire mène une vie dissipée. Sa relation avec Sarah, dite La Louchette, en témoigne (lire les poèmes XXV et XXXII). Juive, laide — son surnom renvoie à son strabisme — et prostituée, cette compagne a tout pour séduire l'esprit frondeur de Baudelaire, mais rien pour plaire à sa famille conformiste et bourgeoise qui, en 1841, le force à s'embarquer sur un bateau appareillant pour les Indes, espérant qu'un tel voyage « brise » ce fils rebelle et le remette sur le bon chemin. Il n'en sera rien. Baudelaire met fin au périple à l'île Maurice, où il séjourne. Les nombreux poèmes exotiques des *Fleurs du mal* seront inspirés par le souvenir de ce voyage (lire *Parfum exotique* et *À une Malabraise*).

De retour à Paris et maintenant d'âge majeur, Baudelaire touche enfin l'héritage paternel qui lui assure son indépendance financière. Il se fait alors dandy et ne vit que de passion et d'art. Il rencontre Jeanne Duval, de descendance antillaise, qui deviendra sa compagne de vie et sa muse pour plusieurs poèmes (lire *La chevelure* et *Sed non Satiata*). Dans ce contexte, il commence à écrire les premiers textes des *Fleurs du mal*. Cependant, en 1844, sa famille l'accuse de dilapider le patrimoine familial et l'oblige à se mettre sous la tutelle d'un conseil judiciaire. Le poète doit alors gagner sa vie malgré ses prétentions de dandy. Il se fait critique d'art (lire *Les phares*), et aussi traducteur, surtout des œuvres de l'écrivain américain Edgar Allan Poe, qu'il fera connaître en France.

Baudelaire participe à l'agitation sociale et politique qui survient durant la très brève Deuxième République (1848-1851), mais en sort déçu à jamais de l'engagement civique. Il se dit désormais trop dénué « de conviction, d'obéissance et de bêtise » pour participer au combat politique. De 1852 à 1856, Baudelaire vit une étrange relation amoureuse, anonyme et platonique, avec Mme de Sabatier, qui préside un salon littéraire fréquenté par le poète (lire *À celle qui est trop gaie*). Cette relation se termine après une nuit d'amour « trop humaine », projetant dans un réel inévitablement décevant un désir trop idéalisé.

La publication des cent un poèmes — à l'origine — des *Fleurs du mal* a lieu en 1857. Au terme d'un procès pour immoralité, six pièces sont censurées et retranchées du recueil. Elles seront réunies plus tard sous le titre *Les épaves* (lire *Le Léthé* ou *Les bijoux*). Le recueil ne rencontre pas le succès espéré. La même année, le commandant Aupick meurt.

Les années suivantes, Baudelaire se rapproche de sa mère, veuve de nouveau. Il cherche surtout une sécurité financière qui lui fait cruellement défaut. Le poète est criblé de dettes et se ressent de plus en plus des séquelles nerveuses et physiques d'une syphilis intraitable. Pour se soigner, il ingurgite quotidiennement une dose de laudanum, une liqueur opiacée. Les excitants — vin, haschisch, opium — ont toujours fasciné Baudelaire (lire les poèmes de la section *Le vin*). En 1860, il publie un essai, *Les paradis artificiels,* portant sur les effets des excitants qui, comme la poésie, peuvent ouvrir les « portes de l'infini ». Mais Baudelaire comprend bientôt que toute vision paradisiaque — qu'elle soit induite par l'art ou par la drogue — demeure irrémédiablement et tragiquement artificielle.

Désespéré, il quitte la France pour la Belgique, croyant y trouver enfin une reconnaissance que ses compatriotes lui refusent. Ce séjour à l'étranger est un échec retentissant.

Frappé de paralysie et aphasique, incapable désormais de se mouvoir et de parler, il est rapatrié en France où il meurt en 1867. Deux ans plus tard, ses petits poèmes en prose du *Spleen de Paris* connaissent une publication posthume. À partir de ce moment, l'influence de Baudelaire ne cesse de grandir, d'abord chez les poètes symbolistes, puis partout en Europe.

L'unité du propos d'ensemble Comprendre un recueil de poésie, surtout lorsqu'il s'agit d'un recueil symboliste, c'est d'abord observer la diversité des poèmes, des images et des thèmes pour retrouver l'unité du propos d'ensemble. Cette unité tient dans la vision ou la représentation du monde que dévoilent progressivement les poèmes du recueil. En fait, un livre de poésie propose presque toujours le voyage d'un poète au sein de la condition humaine, de ses malheurs et de ses bonheurs, de ses désirs et de ses échecs, de ses espoirs et de ses désespoirs. *C'est ce voyage au sein de l'humanité, et la vision qui s'en dégage, qu'il faut d'abord cerner pour mieux comprendre la signification profonde d'un recueil de poésie.*

Si les poèmes des *Fleurs du mal* gardent constamment la trace de l'existence de leur auteur, ils la dépassent pourtant pour offrir une vision particulière de l'ensemble de la condition humaine. Pour Baudelaire, l'humanité est définie essentiellement par l'erreur, la faute et le péché. Comme le dit le poème liminaire *Au lecteur,* « C'est le Diable qui tient les fils qui nous remuent ». Mais si la présence du mal est fondamentale, sa force n'est jamais absolue, pas plus que celle du bien. L'homme reste à jamais impuissant et insatisfait, oscillant entre le bien et le mal, dans une sorte de médiocrité originelle qui fera les frais de l'ironie mordante de Baudelaire. Cette médiocrité s'avère un mal profond : le poète la nomme « Ennui » avec une majuscule dans son poème liminaire. C'est au sein de cet « Ennui » que l'homme rêve de sortir de son impuissance, d'atteindre un Idéal maléfique ou bénéfique, peu importe. C'est de cet « Ennui » que naît la quête d'une vie plus intense, d'une révélation de la beauté, d'un paradis révélé — ou juste d'un remède à la médiocrité et à la finitude humaines.

Homme exemplaire, « semblable et frère », Baudelaire tente donc d'« extraire la beauté du mal ». Pétrissant la boue de la condition humaine — ses souffrances, ses malheurs, sa damnation —, il cherche à en faire de l'or, de la beauté, de la volupté, de l'éternité. Il crée donc des « fleurs » tirées du « mal ». Par exemple, dans *Une charogne*, Baudelaire transforme un cadavre putréfié en œuvre d'art par les charmes du langage poétique, par l'opération magique de ses « correspondances ».

Mais cette transmutation du Mal en Idéal ne cesse d'échouer. La muse est « malade » ou « vénale » (poèmes VII et VIII) et aboutit dans le réel le plus sordide où règne *L'ennemi* (poème X), c'est-à-dire « le Temps [qui] mange la vie ». De plus, la beauté idéale s'avère souvent cruelle dans son indifférence, sa distance et sa froideur (*La beauté,* poème XVII), ou impuissante à cacher son véritable visage de souffrance, le mal d'où elle vient (*Le masque,* poème XX). L'homme reste donc écartelé entre le réel et la poésie, entre le mal et l'obsession d'une issue paradisiaque. L'homme est à jamais « l'homo-duplex », l'homme double et divisé par les contraires qui l'habitent. Ce n'est pas un hasard si les poèmes de Baudelaire regorgent de jeux de contrastes, d'antithèses et d'*oxymores*.

Le poète des *Fleurs du mal* cherche des issues de toutes sortes à ce balancement cruel et incessant entre spleen — autre nom de l'« Ennui » — et idéal. La première de ces issues est celle du **voyage et de l'exotisme**, la quête d'un nouveau lieu utopique qui donnerait la chance à l'idéal de renaître dans un monde où tout ne serait qu'« ordre et beauté, luxe, calme et volupté » (*L'invitation au voyage,* poème LIII). Une deuxième issue est **le plaisir des sens et l'érotisme** (entre autres, *Tout entière,* poème XLI) où Baudelaire cherche à se fondre dans l'unité de l'être retrouvée. Une autre issue est la **nostalgie,** fuite en arrière vers une « vie antérieure », une sorte d'âge d'or plein d'innocence et de pure joie (*Moesta et errabunda,* poème LXII).

Mais toutes ces tentatives d'évasion, malgré les instants d'extase qu'elles volent à l'existence, n'arrivent pas à offrir un véritable salut à l'homme divisé. Le mal est « irréparable » (poème LIV), « irrémédiable » (poème LXXXIV) : tout retombe dans le spleen (poèmes LXXV, LXXVI, LXXVII, LXXVIII) où l'homme ne devient que son propre bourreau (*L'héautontimorouménos,* poème LXXXIII). Il ne lui reste alors que **la révolte** contre un Dieu qui l'a fait naître et lui a donné une telle existence écartelée, et quelques prières désespérées à Satan (les poèmes de la section *Révolte*). Ne lui reste aussi qu'une issue finale, **la mort,** dernière chance d'un oubli total (*Le mort joyeux,* poème LXXII) ou d'une plongée ultime dans l'« Inconnu » pour trouver enfin une vie nouvelle (*Le voyage,* poème CXXVI).

Les fleurs du mal proposent donc un véritable voyage exploratoire au sein des contradictions de la condition humaine, parmi les aspirations et les désespoirs de l'homme, parmi ses extases et ses défaites, parmi ses envies du mal comme du bien. Ce voyage est exprimé par un imaginaire aussi libre et intense qu'universel, aussi choquant que beau et vrai. Et cet imaginaire est d'une cohérence rarement vue dans un recueil de poèmes, aussi bien sur le plan des images que sur celui des thèmes.

La structure du recueil Tout recueil de poésie, symboliste ou autre, possède une structure d'ensemble implicite ou explicite, présentant diverses sections titrées ou numérotées qui rassemblent en des sous-thèmes les différents poèmes. *Mettre en relief cette structure générale permet de mieux comprendre l'articulation du propos d'ensemble du recueil.*

Baudelaire refuse de colliger simplement sa production poétique dans un recueil qui n'aurait d'autre ordre que chronologique. Les poèmes des *Fleurs du mal* forment un livre de poésie fortement structuré ayant un début et une fin, et différentes sections rythmant le voyage dans la condition humaine qui vient d'être résumé.

1. Le titre : *Les fleurs du mal*

Ce titre est suggéré à Baudelaire par un ami journaliste, Hyppolite Babou. Baudelaire songe d'abord aux titres *Les lesbiennes* — découvrant l'amour contre-nature et la beauté cruelle, car intouchable, des filles de l'île de Lesbos — et *Les limbes* — lieu théologique, entre enfer, purgatoire et paradis, où règne à jamais une existence nébuleuse pleine d'ennui. Mais le titre finalement retenu décrit mieux l'ensemble du recueil : par l'utilisation de l'oxymore fusionnant deux contraires, il résume fort bien la condition de l'homme double et divisé.

2. Le poème liminaire *Au lecteur*

Le recueil débute par un poème non numéroté qui sert d'avant-propos. Ce poème, s'adressant directement à celui qui le lit, trace un portrait de l'humanité soumise à la médiocrité et au mal. Le pire mal est l'ennui, le spleen de l'impuissance et de la finitude humaines. Baudelaire définit ainsi le terreau où pousseront ses « fleurs maladives ». Pour lui, la poésie est le fruit de la damnation de l'homme. Insatisfait de sa vie médiocre, l'homme a

Spleen et Idéal, de Carlos Schwabe (collection Gérard Lévy). Cette toile représente avec intensité le combat du Spleen (le serpent) et de l'Idéal (l'ange).

nécessairement besoin de rêve, de paradis artificiels ou artistiques. Cela est vrai pour le poète comme pour son lecteur.

3. La section *Spleen* et *Idéal*

Comportant quatre-vingt-six des cent trente-six poèmes du recueil, cette section est de loin la plus importante. De toutes les façons, allant du « surnaturalisme » à l'ironie, les poèmes de cette section opposent, texte contre texte ou à l'intérieur d'un même texte, la soif d'idéalité, de beauté et d'extase à l'enlisement dans l'ennui, dans la souffrance et dans l'impuissance. Cette section donne le ton fondamental de l'ensemble du recueil et décrit le conflit essentiel qui justifie sa rédaction.

4. La section *Tableaux parisiens*

Contenant dix-neuf poèmes, cette section montre les méandres étonnants que suit l'imaginaire aux prises avec la vie urbaine moderne et les rencontres étonnantes qu'ils offrent. Le Paris du 19e siècle est aussi ambivalent que la condition humaine : la ville est autant le lieu du mal le plus sordide que celui d'une magie libératoire. Cette section présente les contrastes entre spleen et idéal dans le contexte de la vie contemporaine.

5. La section *Le vin*

Comptant cinq poèmes, cette section cerne le contraste de l'extase et du désespoir dans l'un des paradis artificiels les plus communs : le vin. À la fois élixir et poison, cet excitant est véritablement une « fleur du mal ».

6. La section *Fleurs du mal*

Donnant son titre à l'ensemble du recueil et comportant neuf poèmes, cette section explore les vices exquis de la chair, les aspects maudits de la sexualité. Damnée et sublime à la fois, la femme est fatalité : elle est inextricablement salut et perte.

7. La section *Révolte*

En trois poèmes blasphématoires ou présentant une mystique noire, le poète accuse Dieu le Père de l'avoir cruellement placé dans un monde d'extrême souffrance. Jésus n'aura été que la dupe de son père sadique : saint Pierre a bien fait de le renier. Caïn a eu raison de tuer Abel. Et la seule prière qui reste est celle qui est adressée à l'ange révolté : Satan.

8. La section *La mort*

Les six derniers poèmes « officiels » du recueil explorent les chances d'un salut final et fatal : celui qu'offre peut-être la mort dans sa part d'inconnu. Pour les amants, comme pour les pauvres et les artistes, la mort est la dernière consolation, bien que celle-ci demeure incertaine (*Le rêve d'un curieux*). Le voyage du poète se termine sur une ambivalence, comme il a débuté.

9. La section *Les épaves*

Les éditions modernes des *Fleurs du mal* comportent souvent cette section qui reprend un recueil publié en 1866. Ce livre comprenait les six pièces censurées lors de la première publication, augmentées d'un sonnet en épilogue. Cette section ne faisait pas partie, bien sûr, de la structure du recueil conçue à l'origine par Baudelaire. À la lecture de ces poèmes, on jugera de l'extrême sévérité de la morale du second Empire. L'aspect sulfureux de ces textes semble bien anodin aujourd'hui.

La chimère, de Gustavae Moreau (huile sur bois, 33 cm x 27,3 cm, Musée d'art de l'université Harvard, Cambridge)

Les formes poétiques et les thèmes du recueil

Après avoir suivi un premier parcours de lecture éclairé par la biographie de l'auteur, après avoir dégagé le propos d'ensemble et la structure générale du recueil, *il convient de distinguer les formes poétiques et les thèmes caractéristiques du recueil.* Bien sûr, il est impossible ici d'analyser chacune des formes et d'énumérer chacun des thèmes du recueil. Une synthèse de ces éléments suffira. *Pour ce qui est des formes poétiques, il s'agit de démontrer ce qui est propre et particulier à l'expression poétique du livre étudié.* L'utilisation des formes est-elle originale ? L'auteur favorise-t-il certaines formes plutôt que d'autres ? Son emploi de la métrique et de la versification est-il traditionnel ? Se permet-il des entorses et des licences, voire des écarts notables ? *En ce qui concerne les thèmes, il s'agit surtout de circonscrire les plus récurrents, les plus fondamentaux, ceux qui chapeautent tous les autres.*

Si Baudelaire, dans *Les fleurs du mal*, rénove l'imaginaire poétique et propose une nouvelle rigueur dans la composition d'un recueil de poésie, il reste toutefois assez traditionnel dans l'utilisation de la métrique et de la versification. Le sonnet est souvent le lieu de l'expression poétique baudelairienne, qui aura concouru à la renaissance de cette forme poétique particulièrement prisée par les humanistes du 16e siècle. Une partie imposante des poèmes du recueil sont des sonnets tout à fait réguliers ou des presque sonnets (*octosyllabes* au lieu d'alexandrins, deux quatrains finaux au lieu des tercets habituels, etc.). Baudelaire emploie rarement le vers impair ou irrégulier et ses rimes obéissent presque toujours aux formes canoniques (suivies, plates, croisées ou embrassées). Parfois, quelque extravagance peut surgir : par exemple, l'utilisation du *pantoum* oriental dans *Harmonie du soir*. Mais cela reste exceptionnel. C'est surtout dans ses poèmes en prose du *Spleen de Paris* que Baudelaire tentera d'innover du côté de la forme poétique.

En ce qui concerne les thèmes, deux s'imposent avec force et richesse : **le thème du Spleen et celui de l'Idéal.** Donnant son titre à la partie la plus longue du recueil, ces deux thèmes — développés parallèlement et en opposition — constituent la matrice et l'ossature nourrissant et structurant les images et les champs lexicaux des différents poèmes.

Popularisé par Baudelaire lui-même, le mot « spleen » provient de la langue anglaise. Il désignait originellement une supposée bile noire, sécrétée par la rate, qui viciait le sang et provoquait alors une perte de vitalité, un esprit « saturnien », une déprime mélancolique et le dégoût de toute chose. Chez Baudelaire, le « spleen » prend un sens plus métaphysique que clinique. Il devient alors la dénomination même de l'ennui, de l'insatisfaction et de l'impuissance de l'homme, prisonnier de sa nature irrémédiablement déchue. Dans ses dimensions sensibles, le spleen est vécu comme un implacable écrasement de l'être, un immense découragement, un étouffement et un enfermement sans issue, dans un monde froid et ténébreux. Sous l'effet de ce spleen, l'homme n'a plus de désir ; sa vie n'est plus que celle d'un mort vivant, solitaire et inconsolable. Ce thème est particulièrement présent dans les quatre poèmes justement intitulés *Spleen* et dans *La cloche fêlée,* poème qui portait, lui aussi, le titre de *Spleen* à l'origine.

Les images de l'Idéal s'opposent totalement à cette thématique du spleen. Surtout visible dans des poèmes comme *Élévation* ou *Correspondances,* mais partout disséminé, l'Idéal montre un espace utopique, ouvert jusqu'à l'infini à la clarté et à la chaleur, lieu où l'homme peut s'élever dans l'euphorie et la liberté. Plus rien ici de lourd : tout est harmonie et volupté. La vie n'est qu'agilité et facilité.

Spleen[34]

Charles Baudelaire

Quand le ciel bas et lourd pèse comme un couvercle
Sur l'esprit gémissant en proie aux longs ennuis,
Et que l'horizon embrassant tout le cercle
Il nous verse un jour noir plus triste que les nuits ;

5   Quand la terre est changée en un cachot humide,
Où l'Espérance, comme une chauve-souris,
S'en va battant les murs de son aile timide
Et se cognant la tête à des plafonds pourris ;

Quand la pluie, étalant ses immenses traînées,
10 D'une vaste prison imite les barreaux,
Et qu'un peuple muet d'infâmes araignées
Vient tendre ses filets au fond de nos cerveaux,

---

34. Charles BAUDELAIRE, *op. cit.,* p. 117.

Des cloches tout à coup sautent avec furie
Et lancent vers le ciel un affreux hurlement,
15 Ainsi que des esprits errants et sans patrie
Qui se mettent à geindre opiniâtrement.

— Et de longs corbillards, sans tambours ni musique,
Défilent lentement dans mon âme ; l'Espoir,
Vaincu, pleure et l'Angoisse atroce, despotique,
20 Sur mon crâne incliné plante son drapeau noir. ▨

Élévation[35]

Charles Baudelaire

Au-dessus des étangs, au-dessus des vallées,
Des montagnes, des bois, des nuages, des mers,
Par delà le soleil, par delà les éthers,
Par delà les confins des sphères étoilées,

5 Mon esprit, tu te meus avec agilité,
Et, comme un bon nageur qui se pâme dans l'onde,
Tu sillonnes gaîment l'immensité profonde
Avec une indicible et mâle volupté.

Envole-toi bien loin de ces miasmes morbides,
10 Va te purifier dans l'air supérieur,
Et bois, comme une pure et divine liqueur,
Le feu clair qui remplit les espaces limpides.

Derrière les ennuis et les vastes chagrins
Qui chargent de leur poids l'existence brumeuse,
15 Heureux celui qui peut, d'une aile vigoureuse,
S'élancer vers les champs lumineux et sereins !

Celui dont les pensers, comme des alouettes,
Vers les cieux le matin prennent un libre essor,
— Qui plane sur la vie et comprend sans effort
20 Le langage des fleurs et des choses muettes ! ▨

---

35. *Ibid.*, p. 62.

Tableau 6   Divergences (oppositions) entre les poèmes _Spleen_ (LXXVIII) et _Élévation_

LES IMAGES DU SPLEEN DANS LE POÈME *SPLEEN* (LXXVIII)	LES IMAGES DE L'IDÉAL DANS LE POÈME *ÉLÉVATION*
• Ce poème présente un mouvement d'**écrasement** et de **chute**. Dans une sorte de **gradation descendante**, le ciel « bas » **écrase verticalement**, « comme un couvercle ». Il « verse un jour noir ». La terre, ensuite, **écrase horizontalement**, comme un « cachot ». La pluie **tombe**. Si des cloches « sautent », ce n'est que vainement, comme la chauve-souris qui se cogne à un plafond. Le poème se termine sur l'image de l'**inclinaison** d'un crâne.	• Au contraire, dans ce poème, tout est mouvement d'**élévation** au-dessus de la terre et du spleen. La première strophe est une pure **gradation ascendante** : on passe des « étangs » aux « confins des sphères étoilées » par la répétition des locutions « au-dessus » et « par delà ». L'auteur emploie les verbes « envoler », « s'élancer », « planer ». Tout est **aérien**, « aile vigoureuse », « alouettes », « libre essor », ou **léger** comme dans l'image du nageur.
• L'image de l'écrasement mène à celle de l'**emprisonnement**. Le sentiment du spleen est celui d'un **enfermement** sans issue. La terre est « un **cachot** humide » dont on ne peut sortir. La pluie imite **les barreaux d'une vaste prison**. Cet **emprisonnement du corps dans l'espace est aussi un emprisonnement intérieur de l'esprit** : il y a des « filets au fond de nos cerveaux ». Le prisonnier reste passif et **assujetti** : son « crâne » est « incliné ».	• Au contraire, dans la vision de l'existence idéale, l'esprit est **libre** et **agile** : « Mon esprit, tu te meus avec agilité. » **Il sillonne l'immensité**. Son aile est vigoureuse, son essor est **libre**. Son action est **sans effort**. L'esprit est actif et souverain, sans soumission.
• Le spleen crée un monde d'**obscurité**. Le ciel est « bas et lourd » comme chargé de nuages. « Il nous verse **un jour noir** ». L'oiseau symbole est ici un animal **nocturne** : la chauve-souris. Le drapeau de l'Angoisse est un « **drapeau noir** ». Par métonymie, les « longs corbillards » renvoient à la **couleur du deuil**.	• À l'inverse, l'Idéal présente un monde de **lumière**. On y nomme le « **soleil** », les « sphères **étoilées** ». On boit le « **feu clair** » des « espaces **limpides** ». Les champs sont « **lumineux** ». Et les « pensers, comme des alouettes », s'élancent dans le **matin**.
• Finalement, le spleen renvoie l'image d'un monde de **souffrance** et de **conflit**. L'esprit y est « **gémissant** », errant et « **sans patrie** » : il geint. Le jour est « **triste** ». L'Espoir « pleure ». L'Angoisse est « atroce ». Elle est vainqueur dans sa lutte contre l'Espérance, qui se cogne « à des plafonds pourris ».	• En opposition au spleen, l'Idéal présente un monde de **volupté** et de **communion**. L'esprit se « **pâme** » dans l'onde où il baigne. Il sillonne « **gaîment** » l'immensité avec une « **mâle volupté** ». Il **s'enivre** d'une « **pure et divine liqueur** ». Il se fond dans son élément : il s'y baigne et l'ingurgite même. Tout est sérénité planante : l'esprit comprend sans effort les secrets de l'univers.

	RÉALISME	
LE ROMAN ET LA NOUVELLE	**Flaubert** *Madame Bovary* (1857) *L'éducation sentimentale* (1869) **Hugo** *Les misérables* (1862)	**Les frères Goncourt** *Germinie Lacerteux* (1865)
LA POÉSIE	**Nerval** *Aurélia* (1855) **Hugo** *Les contemplations* (1856) **Baudelaire** *Les fleurs du mal* (1857)	**Verlaine** *Poèmes saturniens* (1866) *Les fêtes galantes* (1869) **Lautréamont** *Les chants de Maldoror* (1869)
LE THÉÂTRE	**Labiche** *Un chapeau de paille d'Italie* (1851) **Dumas fils** *La dame aux camélias* (1852)	
L'ESSAI	**Sainte-Beuve** *Les causeries du lundi* (1851 à 1862) **Champfleury** *Le réalisme* (1857)	
LA LITTÉRATURE ÉTRANGÈRE	**Poe** *Nouvelles Histoires extraordinaires* (traduction de Baudelaire–1848) **Melville** *Moby Dick ou La baleine blanche* (1851)	**Dostoïevski** *Crime et châtiment* (1866) **Tolstoï** *Guerre et paix* (1869)

Zola *L'assommoir* (1877) *Les soirées de Médan* (collectif, 1880) *Germinal* (1885)	**Maupassant** *Une vie* (1883), *Bel-Ami* (1885)
Rimbaud *Une saison en enfer* (1873) *Illuminations* (1886) **Verlaine** *Sagesse* (1874 à 1880)	**Mallarmé** *Poésies complètes* (1887)
Zola *Le roman expérimental* (1880) **Maupassant** Préface de *Pierre et Jean* (1888)	
Nietzsche *La naissance de la tragédie* (1871) **Tolstoï** *Anna Karénine* (1873-1877) **Ibsen** *Maison de poupée* (1879)	**Dostoïevski** *Les frères Karamazov* (1880) **Strindberg** *Mademoiselle Julie* (1888)

GLOSSAIRE

Absinthe liqueur alcoolique fabriquée à partir de la plante du même nom. L'absinthe était très à la mode à la fin du 19e siècle. (p. 42)

Académisme tendance dans l'art à respecter les règles et les conventions. (p. 7)

Allitération répétition de consonnes dans une suite de mots rapprochés dans un poème ou dans un texte en prose. Par exemple, « Pour qui sont ces serpents qui sifflent sur vos têtes » (Racine). (p. 48)

Amoral qui est étranger à la morale, qui ne se préoccupe pas de morale. (p. 39)

Antagonisme opposition de deux principes. (p. 17)

Assonance toute répétition insistante de voyelles dans un vers ou une phrase. Par exemple, la répétition de la voyelle « eu » dans le vers suivant : « Nous sommes nombreux silencieux raboteux » (Gaston Miron). (p. 48)

Césure coupe qui partage un alexandrin en deux hémistiches (moitiés) de six syllabes. (p. 50)

Dandy jeune homme aux manières raffinées et d'une très grande élégance. Selon Baudelaire, le dandy est celui qui montre la supériorité aristocratique de son esprit. (p. 19)

Digression développement qui s'éloigne du sujet abordé. (p. 17)

Empire gouvernement de la France dirigé par l'empereur Napoléon Bonaparte, de 1804 à 1814, et du 20 mars au 22 juin 1815. (p. 3)

Épicurien relatif à l'épicurisme, doctrine d'Épicure (341-270 av. J.-C.) qui invitait à fuir la douleur. Aujourd'hui, le terme est surtout utilisé relativement à la recherche du plaisir et de la volupté. (p. 18)

Épique qui relève de l'épopée, du récit mythique et héroïque. (p. 17)

Éponyme qui donne son nom à l'œuvre. (p. 38)

Gouvernement de Versailles gouvernement établi à Versailles pendant la période de la Commune de Paris, qui réprimera violemment l'insurrection des communards. (p. 4)

Gradation ascendante ou descendante procédé littéraire qui consiste à disposer plusieurs mots ou expressions selon une progression de sens croissante ou décroissante. (p. 53)

Hegel, Friedrich (1770-1831) philosophe allemand dont la philosophie situe l'être et la pensée dans le principe unique de l'Esprit. Cet Esprit se développe en trois étapes : l'affirmation (thèse), la négation (antithèse) et la synthèse (l'*aufhebung* ou dépassement des contradictions). (p. 56)

Hémistiche moitié d'un vers alexandrin, soit six syllabes. (p. 53)

Hirsute membre d'un groupe décadent en révolte contre le conformisme bourgeois. (p. 42)

Immanence principe selon lequel tout est intérieur à tout ; caractère de ce qui est contenu dans la nature même d'un être. S'oppose à transcendance. (p. 42)

Impressionniste peintre appartenant à un mouvement en peinture qui apparaît à la fin du 19e siècle. Les peintres impressionnistes cherchent à rendre leurs « impressions » de la réalité en développant une peinture favorisant la couleur et la lumière. Les principaux peintres impressionnistes sont Manet, Monet, Renoir, Cézanne, Pissarro, Degas, Sisley, Morisot. (p. 21)

Incipit premiers mots d'un livre. (p. 25)

Libéralisme doctrine prônant la reconnaissance des droits fondamentaux des citoyens : droit de vote, liberté d'expression, droit de former des partis politiques, etc. Aujourd'hui, le libéralisme est surtout associé à un système économique préconisant la liberté des échanges économiques et l'intervention minimale de l'État. (p. 3)

Lyrique relatif à une expression poétique

qui exalte les émotions et les sentiments. (p. 20)

Monarchie gouvernement dirigé par un roi héréditaire. (p. 3)

Narcissisme tendance à s'admirer soi-même. (p. 17)

Octosyllabe vers de huit syllabes. (p. 72)

Oxymore figure de style qui associe deux motes ou deux groupes de mots de sens opposés. Cette association semble incompatible, mais elle renvoie à une signification aussi pertinente que complexe. *Exemple :* « Dieu est une ténèbre lumineuse. » (p. 67)

Pantoum poème d'origine malaise, fondé sur un système de reprises et d'alternances aussi bien thématiques que formelles. Il est composé de quatrains construits de telle sorte que le deuxième et le quatrième vers de chaque strophe forment le premier et le troisième vers de la strophe suivante. (p. 72)

Parodique relatif à la parodie, qui contrefait ou travestit pour s'en moquer un ouvrage littéraire. (p. 20)

Polémique discussion écrite vive et mordante. (p. 18)

Prolétariat ensemble des *prolétaires*, citoyens dont les ressources financières se limitent à celles qui sont procurées par leur travail. (p. 4)

Prolétarien relatif au prolétariat. (p. 4)

Prusse royaume dont le territoire s'étendait au sud de la mer Baltique. À partir de 1870, la Prusse est rattachée à l'Allemagne. (p. 4)

Quartiers de noblesse ascendants dont le nombre détermine l'ancienneté de la noblesse (plus on a de quartiers de noblesse, plus la famille est ancienne et plus elle occupe une place élevée dans la hiérarchie). (p. 6)

Rationalisme doctrine d'après laquelle tout ce qui existe a sa raison d'être et peut donc être considéré comme intelligible. Ainsi, tout être doit trouver sa raison. (p. 42)

Républicains partisans de la république, régime où les pouvoirs sont confiés à des représentants élus pour un temps déterminé. (p. 3)

Rondel poème apparu à la fin de l'époque

médiévale, redécouvert au 17ᵉ siècle et au 19ᵉ siècle, bref et très musical. À l'origine, il accompagnait une danse appelée ronde. (p. 48)

Royaliste se dit d'un partisan d'un régime dirigé par un roi héréditaire. (p. 3).

Satirique relatif à la satire, relatif à une œuvre qui s'attaque à quelque chose ou à quelqu'un en s'en moquant. (p. 20)

Sherlock Holmes célèbre détective créé en Angleterre à la fin du 19ᵉ siècle par l'écrivain Conan Doyle et dont les aventures sont narrées par son compagnon, le Dʳ Watson. (p. 10)

Sonnet poème apparu au 16ᵉ siècle et redécouvert au 19ᵉ siècle, qui propose quatorze vers alexandrins regroupés en deux quatrains et deux tercets. (p. 48)

Suffrage universel système électoral où tous les citoyens ont le droit de vote. Ce système « universel » n'accorde le droit de vote qu'aux hommes d'abord. Le droit de vote des femmes ne sera accordé que progressivement (Nouvelle-Zélande 1893, Canada 1917, États-Unis 1920, France 1945). (p. 3)

Synesthésie perception simultanée des sens où les impressions d'un canal sensoriel sont traduites dans les termes d'un autre canal sensoriel. La « caresse de la lumière » est une synesthésie : la perception visuelle (lumière) est traduite en perception tactile (caresse). La synesthésie propose de nouvelles images aux sensations du lecteur. (p. 47)

Wagner, Richard (1813-1883) compositeur allemand, auteur de *Lohengrin, Tannhäuser, L'anneau du Nibelung, Parsifal.* D'une facture nouvelle et d'une intensité puissante, ses drames chantés, conçus comme des œuvres totales, lient étroitement la musique à la poésie et à la danse. (p. 43)

Zutiste membre d'un cercle de poètes, présidé par Charles Cros, qui dit « Zut ! » à tout. (p. 42)

BIBLIOGRAPHIE

HISTOIRE

BERGERON, Louis, et Marcel RON-CAYOLO *Le monde et son histoire*, Paris, Robert Laffont, 1985. (Collection Bouquins)

BERNSTEIN, Serge, et Pierre MILZA. *Histoire du vingtième siècle de 1953 à nos jours*, Paris, Hatier, 1984.

CHEVALLAZ, G.A. *Histoire générale de 1789 à nos jours*, Lausanne, Payot, 1966.

DUBY, Georges, dir. *Histoire de la France de 1852 à nos jours*, Paris, Larousse, 1993.

DUBY, Georges, et Robert MANDROU. *Histoire de la civilisation française*, Paris, Armand Colin, 1968.

GOMBRICH, Ernst. *Histoire de l'art*, Paris, Flammarion, 1990.

LANGLOIS, Georges. *Histoire du 20ᵉ siècle*, Laval, Beauchemin, 1994.

MIQUEL, Pierre. *Histoire du monde contemporain 1945-1991*, Paris, Fayard, 1991.

TRAVIS HANES III, William. *Civilisation occidentale : continuité et changements*, adaptation de Louis-Édouard Augé, Laval, Éditions Études Vivantes, 1997.

HISTOIRE LITTÉRAIRE ET OUVRAGES GÉNÉRAUX

AUERBACH, Erich. *Mimésis*, Paris, Gallimard, 1968.

BAUDRILLARD, Jean. *De la séduction*, Paris, Éditions Galilée, 1979.

BOISDEFFRE, Pierre de. *Histoire de la littérature de langue française des années 30 aux années 80*, Paris, Perrin, 1985.

BRÉE, Germaine, et Édouard MOROT-SIR. *Histoire de la littérature française du surréalisme à l'empire de la Critique*, Paris, Garnier-Flammarion, 1996.

DARCOS, Xavier. *Histoire de la littérature française*, Paris, Hachette, 1992. (Collection Éducation)

DUCROS, David, *Lecture et analyse du poème*, Paris, Armand Colin, 1996. (Collection Cursus)

DÉCAUDIN, Michel, et Daniel LEUWERS. *Histoire de la littérature française de Zola à Apollinaire*, Paris, Garnier-Flammarion, 1996.

LAGARDE, André, et Laurent MICHARD. *XIXᵉ siècle : les grands auteurs français du programme*, Paris, Bordas, 1960.

LAGARDE, André, et Laurent MICHARD, dir. *XXᵉ siècle : les grands auteurs français du programme*, Paris, Bordas, 1964.

MAUPASSANT, Guy de. Préface de *Pierre et Jean*, Paris, Livre de poche.

MICHAUD, Guy. *Message poétique du symbolisme*, Paris, Librairie A.G. Nizet, 1947.

MITTERRAND, Henri. *L'illusion réaliste, de Balzac à Aragon*, Paris, PUF, 1994. (Collection Écriture)

QUENEAU, Raymond, dir. *Histoire des littératures III*, Paris, La Pléiade, 1978.

SABATIER, Robert. *La poésie du 19ᵉ siècle, 2. Naissance de la poésie moderne*, Paris, Albin-Michel, 1977.

VAN TIEGHEM, Philippe. *Les grandes doctrines littéraires en France*, Paris, Quadrige /PUF, 1946.

ZOLA, Émile. *Le roman expérimental*, Paris, Garnier-Flammarion, 1971.

CRÉDITS PHOTOGRAPHIQUES

INDEX

P

R

S

V

Z